ALÉM DAS SUAS
FORÇAS

MICHELLE EMILIANO

A INSPIRAÇÃO POR TRÁS DE EXPERIÊNCIAS
QUE DESAFIARAM A MEDICINA

Além das suas forças
1ª edição: 2020
Michelle Emiliano

Coordenação Editorial
Nilce Sousa
Edição, revisão
Suellen de Araújo Costa
Diagramação e Projeto Gráfico
Marcus V. P. Alcântara
Capa
Daniel Filho

Organização: Cevi Produções / CNPJ 07.856.521/0001-94
ceviproducoes@gmail.com

E53a Emiliano, Michelle
    Além das suas forças : a inspiração por trás de experiências que desafiaram a medicina / Michelle Emiliano; coordenação editorial: Nilce Sousa; edição e revisão: Suellen de Araújo Costa; diagramação e projeto gráfico Marcus V. P. Alcântara. – 1. ed. – Caldas Novas-GO : CEVI, 2020.
    222 p. ; 15 cm x 22 cm

    ISBN: 978-65-5642-048-6

    1. Biografia como forma literária. 2. Conquista. 3. Autoajuda. 4. Fé. 5. Medicina. 6. Vitória. 7. Aprendizagem. 8. Fatos reais. I. Sousa, Nilce. II. Título.

                                    CDU: 920.21

Catalogação na publicação por: Onélia Silva Guimarães CRB-14/071

Sobre a Autora

Michelle Emiliano é natural de Uberaba MG, nascida no dia 15/02/1981, é casada com Regis Alves Emiliano desde Fevereiro de 2002 com quem compartilha o privilégio de serem pais da Kaiandra Aline de 12 anos e da Hadassa Vitória, 5 anos.

No ano de 1998 teve sua primeira experiência com Jesus, se convertendo e entregando sua vida a Ele. Desde que se casou com Regis, juntos começaram cumprir o Ide do Senhor.

Em 2008 concluiu o curso de Pedagogia na Universidade Estadual do Maranhão, ano em que também nascia a Kaiandra. Em 2011 teve sua ordenação pastoral juntamente com seu esposo.

No ano seguinte concluiu a Pós Graduação em Psicopedagogia Clínica e Institucional. Sua paixão e dedicação à educação lhe proporcionaram ministrar aulas da educação infantil ao ensino superior.

Em 2015 nascia a Hadassa Vitória e em 2016 teve seu consultório Psicopedagógico, onde atuava nos transtornos de aprendizagem e orientações às famílias.

Tem o privilégio de possuir em seu currículo alguns cursos extras como Formação em coach e Analista Comportamental que lhe deram a oportunidade de ser gerente de treinamento e desenvolvimento pessoal em uma empresa. Além de atuar como pastora, professora, pedagoga, psicopedagoga, coach e escritora.

Dedicatória

Como viver essa história sem vocês?

Fomos construindo juntos um caminho de milagres, dando a cada dia um novo passo na mesma direção. Somente nós quatro sabemos o que vivemos até aqui!

Regis, meu amado esposo, minha melhor parte. Kaiandra Aline, minha primogênita meu sonho realizado. Hadassa Vitória, nossa promessa e nosso milagre.

Dedico a vocês a nossa história.

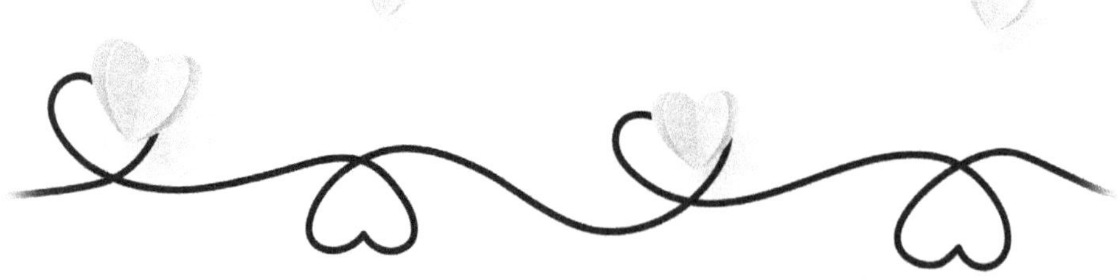

Agradecimentos

"Porque Dele por Ele e por meio Dele são todas as coisas".

Romanos 11:36

Gratidão ao meu Deus por tudo!

Também estendo minha gratidão não a pessoas, mas a verdadeiros anjos, pois estou certa de que eles existem e se personificam. Foram tantos anjos que conhecemos nessa jornada, nessa história de milagres, seres com quem contamos em todos os momentos e lugares. Anjos que tem nome, endereço e existem como eu e você.

"Porque aos teus anjos dará ordem a nosso respeito."

Salmos 91:12

Nós os vimos em todos os lugares, sempre surgindo para cuidar de nós e assim nos permitir através de suas vidas ouvir Deus dizer: EU ESTOU CUIDANDO DE VOCÊS.

Esses anjos são toda minha família, aqueles para os quais a Hadassa é um xodozinho. Os amigos de perto e os amigos que estão longe. A igreja, líderes, discípulos, bispos, pastores. Amigos que tínhamos e amigos que ganhamos.

Agradeço pelas incessantes orações, cada mensagem, cada ajuda financeira, todo o cuidado médico. Amor e carinho que foram manifestados e especialmente por manifestarem a pessoa de Jesus por meio de suas vidas.

Eu poderia elencar inúmeras pessoas que foram partícipes dessa grande história de milagres. Gostaria de agradecer individualmente a todas elas, porém concluí que por mais que eu fosse criteriosa correria o risco de cometer a injustiça de esquecer alguém.

Sei que contamos com o apoio de várias igrejas, ministérios diversificados, assim como a Sara Nossa Terra, de Caldas Novas GO, igreja preciosa que pastoreamos. Sara Nossa Terra de vários estados, em especial do Maranhão, e também a família que ganhamos em Barretos – SP, Comunidade Cristã de Barretos. Vimos ações interdenominacionais sendo realizadas, vigílias, campanhas, orações no monte, votos com Deus, propósitos os quais nem posso mensurar, no Brasil e em outros países.

Sou grata a cada um que se envolveu e que entregou um tempo de sua vida em favor da minha filha e da minha família. Agradeço aos que conhecemos e aos anônimos, pessoas que jamais vimos e talvez nem sequer conheçamos, mas que abraçaram essa causa e oraram por nós. Todos foram essenciais, sem esse clamor com certeza não teríamos suportado.

Agradeço a você filhinha Hadassa Vitória, que mesmo tão pequenina me ensinou o paradoxo de ser grande, de aparência frágil, me ensinou a ser forte. Glória a Deus por sua vida!

Sumário

Introdução

Aqui está muito mais que um livro, é uma experiência com Deus, uma história, um testemunho que posso afirmar, que fala de mim e de você, de todo aquele que já vivenciou ou está vivenciando situações que vão além das suas próprias forças.

Por definição "além" é o que está longe, distante, sobre o qual não se tem controle nem alcance, e "força" é a capacidade que temos de suportar, é ela que rege nossas vidas nas esferas física, emocional e espiritual.

Pessoas fortes não são fáceis de encontrar, mas são fáceis de serem notadas.

"Não sobreveio a vocês tentação que não fosse comum aos homens. E Deus é fiel; ele não permitirá que vocês sejam tentados além do que podem suportar."

1 Coríntios 10:13

A vida não é fácil, mas os desafios que ela representa podem tornar as pessoas mais fortes, se processarem tudo da maneira correta. Certa vez li que tempos difíceis criam homens fortes, homens fortes criam tempos fáceis e tempos fáceis, por sua vez, criam homens fracos.

Força não é algo que surge quando você precisa, ela se desenvolve quando você precisa e na medida que você precisa. É como se em cada um de nós já houvesse uma porção de força. Por isso, só sabemos quanta força temos quando realmente precisamos dela.

Um dos grandes testes da vida é como você reage ante as dificuldades que surgem, isso gera em nós resiliência. Assim, todos nós somos fortes, principalmente quando descobrimos que essa é a nossa única opção!

A vida se trata de equilíbrio, pois até o remédio certo na dose errada pode matar. É preciso calibrar a força, usá-la da maneira correta, especialmente no campo das emoções. Pois o equilíbrio emocional será primordial para vencer as adversidades que a vida nos impõe.

> *"Porque, como imagina a sua alma, assim é ele".*
>
> **Provérbios 23:7**

Algo curioso sobre a força é que ela nem sempre escolhe os prováveis, ou os aparentemente mais resistentes, no meu caso a força provém de uma criança de apenas três aninhos, isso nos traz lições de vida muito relevantes.

> *"Mas Deus escolheu as coisas loucas deste mundo para confundir as sábias; e Deus escolheu as coisas **fracas** deste mundo para confundir as **fortes**."*
>
> **1 Coríntios 1:27**

O nosso Deus age na contramão do mundo. Na nossa maior fraqueza temos um Deus que é toda nossa fortaleza. Ele não precisa que eu e você sejamos naturalmente fortes, Ele é que faz de nós quem Ele quer que sejamos.

> *"Porque o Senhor não vê como vê o homem, pois o homem vê o que está diante dos olhos, porém o Senhor olha para o coração."*
>
> **1 Samuel 16:7b**

Nós chegamos diante Dele fracos, vazios, despedaçados e saímos fortes, cheios e completamente restaurados.

> *"Porque quando estou fraco então sou forte".*
>
> **2 Coríntios 12:10b**

Este é exatamente o paradoxo que vivemos e que gostaríamos de compartilhar nesse livro. Estivemos fracos, vazios de nós mesmos, mas nos fortalecemos em Deus e seu poder se aperfeiçoou em nossa fraqueza.

> *"E disse-me: A minha graça te basta, porque o meu poder se aperfeiçoa na fraqueza. De boa vontade, pois, me gloriarei nas minhas fraquezas, para que em mim habite o poder de Cristo".*
>
> **2 Coríntios 12:9**

É quando você vive situações que estão além das suas forças que uma força sobrenatural começa a operar em você até fazê-lo forte, não porque você mereça, mas porque Ele É.

Posso garantir que a leitura desse livro será envolvente, com experiências impactantes e que ao final você terá descoberto de onde vem a sua força e saberá que pode ir sim, muito, mas muito mais além das suas forças.

Os planos de Deus

Quem eu seria, onde estaria se não fosse o Teu amor?

Você será quem você acredita ser.

"Pois assim como pensa em sua alma, assim será."

(Provérbios 23:7)

Gosto de pensar na vida como um quebra-cabeças gigante, e que eu e você ao longo da nossa existência vamos procurando as peças, fazendo encaixes e tentativas. Muitas vezes encaixamos as peças erradas, elas até parecem ser ideais para aquele determinado espaço, forçamos, empurramos, insistimos e às vezes até nos prejudicamos tentando fazer os encaixes errados, até percebermos que não se trata da peça correta.

Assim, voltamos a procurar a peça, a fazer incessantes tentativas. Mas, o que não nos atentamos é que o criador já tem tudo planejado. Assim como em um quebra cabeça de verdade, temos uma figura modelo montada, pronta, nos bastando seguí-la, temos o nosso modelo prontinho e ele está em Deus. Ele sabe tudo, as peças exatas e os encaixes perfeitos. Mas, muitas vezes achando que sabemos, ou que temos tal habilidade e que não precisamos olhar pra Ele, simplesmente vamos montando e nos frustrando ao longo do caminho.

Pare de quebrar a cabeça

Sabendo disso, eu o convido a consultar o Criador desse grande quebra-cabeças que é a nossa vida. Não perca mais tempo, Ele tem propriedade para dizer-lhe qual a peça que está faltando aí, neste exato momento da sua procura. O que se encaixa perfeitamente Ele sabe, está pronto para gentilmente estender a mão e ajudá-lo, olhe para Ele, consulte-O.

Eu passei muito tempo, quebrando a cabeça literalmente, tentando encaixar cada peça da minha vida, todas pareciam certinhas, mas não eram e eu sempre me enganava. E o vazio, aquele espaço sem ser preenchido continuava lá.

Em companhia da Rejeição

Ao longo das experiências da vida, você começa a perceber que seu caráter é formado de características. Características essas, que são impressas em você no seu ambiente familiar. Pois a criança reproduz o que vivencia.

Eu não tive um lar emocionalmente saudável, brigas, desentendimentos, agressões físicas e verbais fizeram parte da minha infância. O alcoolismo sempre esteve muito presente, assim como no início houve grande necessidade financeira também. O abandono por parte de pai biológico, me trouxe desde pequena o trauma da rejeição e auto rejeição.

Eu não tinha grandes projeções do futuro! Eu não tinha nenhum plano a meu respeito. Tudo o que eu vivia e via era muito comum e normal, então eu estava fadada a reproduzir a história dos meus pais, da minha família.

Na minha adolescência, meu pai de adoção teve uma grande oportunidade, se tornou um empresário bem sucedido no ramo de tabaco, então nossa vida deu uma grande virada, financeiramente falando não nos faltava nada. Minha mãe, eu e minha irmãzinha caçula, Aline, tínhamos tudo o que precisávamos e o que queríamos.

Nessa época, me foram proporcionadas boas oportunidades de estudo, estudei nos melhores colégios particulares da época, o que me permitiu ser destaque, agarrar todas as oportunidades e estudar, estudar muito. Nunca me considerei inteligente, mas sim esforçada!

Ancorada na autossuficiência

O meu esforço em tudo, parecia sempre ser maior do que dos demais colegas e amigos, porque aquela voz da rejeição sempre me visitava dizendo: "Você vai ser a pior, por isso não vão gostar de você!" ou "Você não vai conseguir, por isso vão te abandonar, mais uma vez!"

E pra não vivenciar tudo isso sempre me superei, sempre sobressaí com muito esforço, cansaço, as vezes até ultrapassando limites. Aos 14 anos, com base em uma frase que ouvi: "O trabalho dignifica o homem", eu disse aos meus pais que queria trabalhar, logo comecei a ajudar meu pai e depois fui ser vendedora em uma loja de roupas da qual era cliente. Não havia necessidade financeira alguma que justificasse aquilo, mas esse desejo estava dentro de mim.

Tive uma adolescência comum, enfrentei as etapas difíceis e conturbadas comuns nessa idade. O quebra cabeça já estava sendo montado e espaços vazios tentavam ser preenchidos por mim, com festas, baladas, namoros, amizades que pareciam ser verdadeiras, mas não eram. Impressionante como o tal do dinheiro não é tudo, pois sempre estava faltando algo mais.

Aos 16 anos, nossa vida deu outra virada e o patrimônio que o meu pai tinha conquistado veio à ruína, vi minha família perder tudo: carros, bens, empresas, casa. Creio que isso aconteceu devido a algumas atitudes erradas que nos levaram a falência.

No entanto, minha cabeça adolescente teve muita dificuldade de assimilar como em um dia tínhamos tudo e no outro nada. Eu nunca fui depressiva, mas tudo isso aos 16 anos me deixou muito revoltada, inconformada e rebelde. Externei toda minha raiva na independência e autossuficiência.

Nos mudamos para um bairro na periferia da cidade, mergulhei no trabalho e como já ganhava bem no ramo de vendas para alguém da minha idade, concluí meu ensino médio e passei a sonhar em poder sair de casa.

Um encontro inesquecível

Ao final de um dia inteiro de trabalho e depois escola, em um terminal de ônibus, eu conheci o meu amor Regis Alves Emiliano, através dessa história de amor, que será tema para outro livro, ele me apresentou outro amor. O grande amor da minha vida: JESUS.

Entregar a minha vida nas mãos desse JESUS foi minha melhor escolha, a maior e mais importante decisão da minha vida. O meu encontro pessoal e íntimo com ELE curou minhas feridas emocionais, restaurou meus sonhos. Reescreveu a minha história. Por isso mesmo comecei esse capítulo indagando quem eu seria ou onde eu estaria se não tivesse sido resgatada por esse amor.

A peça que faltava

Jesus, era a peça que faltava, o encaixe perfeito e as respostas para tudo! Todas as minhas dúvidas e complexos foram cravados naquela cruz. Minha busca pela presença de Deus era insaciável, meu relacionamento com Ele crescia cada vez mais e mais.

Até o ano da publicação deste livro, eu e o Regis temos 18 anos de casados, duas dádivas de Deus em nossas vidas, nossa filhinhas Hadassa Vitória de 5 aninhos e a nossa primogênita Kaiandra Aline de 12 anos.

Me formei em Pedagogia, fiz especialização em Piscopedagogia, viajei muito em função da minha profissão, já cliniquei em meu próprio escritório, já ministrei várias palestras como Pastora, Coach e Piscopedagoga. Não considero em minha vida ter vivido nada de excepcional até aqui. Apesar de ter tido muitas lutas e vitórias, muitas lágrimas e sorrisos, eu sobrevivi. A pessoa que me tornei e decidi ser fez de mim uma sobrevivente.

> *"E porque Ele nos dá muito mais do que tudo aquilo que pedimos ou pensamos, segundo o Teu poder que opera em nós".*
>
> **Efésios 3:20**

Sou uma Sobrevivente

Lutei desde o meu nascimento para viver, pois como relata a minha mãe, passei da hora de nascer e tinha em mim uma deformidade na nuca, tipo uma grande bolha de água, mas que desapareceu ainda no hospital. Tive uma infância cheia de restrições financeiras, e de saúde física e emocional precária também.

Durante um bom período eu fui muito anêmica, ficava internada e não tinha nem veias para tomar soro, minha mãe e minha tia contam que eu tomava soro no pezinho.

Fiquei internada por causa de uma grave infecção intestinal, pois para trabalhar minha mãe precisava deixar-me aos cuidados de uma vizinha, que por sua falta de conhecimento e simplicidade, não tinha muitos cuidados com a higiene, ao ponto de eu pegar essa infecção. Minha mãe não podia dedicar-se totalmente a mim por ser solteira e precisar trabalhar muito para prover o sustento da nossa casa.

As coisas deram uma melhorada, lá pelos meus 5 anos, quando fomos morar com minha avózinha, agora já falecida. Uma humilde casinha na Rua Bororós em Uberaba- MG, minha terrinha natal. Minha avó era outra guerreira, mulher forte e destemida, sozinha, trabalhava o dia todo também. Nessa época, minha tia, irmã mais velha da minha mãe, também morava conosco. Éramos então, a casa das quatro mulheres. Somente nós quatro, as mulheres mais fortes, destemidas, determinadas e corajosas que me inspiraram pela vida inteira.

Depois que fomos morar lá, para que eu não ficasse o dia todo sozinha, aos 6 aninhos eu ia para o serviço da minha avó e ficava o dia inteiro lá com ela. Minha avó era zeladora no banheiro da rodoviária e todos os dias, eu dormia em colchonete lá no banheiro mesmo, pois as vezes ela tinha plantão nas madrugadas. Ouvia algumas pessoas dizerem, tadinha tão pequenininha e até davam gorjetas para a minha avó.

A família que ganhei

Apesar de todo esforço da minha mãe e da minha avó, nunca tive uma família estruturada, a presença de um homem liderando o lar, só fui ter ao meus 6 anos, que foi quando meu "Pai Marcos", entrou na nossa história. Assumindo assim minha mãe e eu como filha. Nossa vida foi reconstruída, eu minha mãe e o meu pai. Sim, agora eu tinha alguém para chamar de pai, um verdadeiro pai e como sabiamente dizem por aí: "pai é o que cria". Quatro anos depois veio minha irmã Aline, uma bebê linda na nossa vida a qual me fez ser "Mana Mãe".

Seguíamos assim, uma família longe de ser perfeita, mas estávamos completos e tínhamos momentos felizes. Nessa nova configuração familiar, ganhei também dois irmãos, o Júnior e a Giselle, filhos do meu pai Marcos. Passávamos algumas férias todos juntos e a Gih foi muito marcante em minha adolescência, uma irmã de coração.

A pessoa que eu decidi ser

A minha História de vida, tem muitos outros detalhes.

> ***Mas, o que quero dizer é que não importa como tudo começou na sua vida e sim como tudo vai terminar.***

Pois, apesar do começo difícil, eu me tornei a pessoa que eu decidi ser, porque entreguei o controle da minha vida nas mãos de Deus.

Estou aqui para dizer que você decide o seu destino! Onde você está hoje é fruto das suas escolhas e das suas decisões. Ou você passa uma vida inteira culpando os outros e terceirizando seus fracassos e suas frustações, ou você assume a direção da sua vida.

Antes mesmo de começarmos os capítulos mais impactantes da história da minha vida, já o convido a assumir o controle da sua, pegue uma folha em branco e vá reescrever, ressignificar a sua história. Se você não fizer isso, ninguém fará por você e terminará por jamais viver para realizar os seus próprios sonhos.

Restituição

Capítulo 2

Dezembro de 2014

Ser restituído é algo que desejamos, mas para viver a restituição, vive-se o processo da perda. Restituição: ação de devolver algo à pessoa que o possui; pagar uma dívida ou quitar um empréstimo; retorno à configuração original, reabilitação; ação de restaurar.

Eu fui quebrada! Precisava ser restaurada, levada de volta a minha forma original, ter de volta aquilo que era meu, o que Deus me chamou para viver, ser e fazer.

Em 2013, eu havia passado por uma grande dor, a dor da perda. Existem vários tipos de perdas, mas essa foi de uma dor incalculável, dor física e emocional, eu tinha perdido um filho (a). Perdi uma gestação de 13 semanas. Não houve causa específica, foi o que os médicos chamam de aborto espontâneo. Seria nosso segundo(a) filho(a), nossa primogênita Kaiandra, com 5 aninhos na época, sempre nos pedia um irmão e nós também planejávamos muito. Como diz meu esposo: "temos um bebê lá no céu".

"O Senhor é quem tira a vida e a dá".

1 Samuel 2:6

Ecoou por muitos meses na minha mente, a frase daquela médica no momento da ultrassom. Tive sangramento pela manhã, à tarde fomos fazer o exame, quando ela começa a procurar os batimentos cardíacos do bebê ela diz: *"Mãe, vocês tem outro filho?"* Respondemos que sim, ao que ela nos disse: *"Então, vamos ter que tentar outro bebê, porque esse aqui infelizmente veio a óbito!"*

Mais uma vez eu teria que tentar, mais uma vez as coisas pareceram ser mais difíceis para mim, do que para os outros, como aquela aluna que eu sempre fui, de notas boas sim, aluna excelente, mas muito esforçada para quem tudo parecia ser às custas de muito sacrifício.

De quem é a culpa?

Lágrimas sem fim, pensamentos e sentimentos diversos. Eu olhava para o Regis e o via chorando, vivemos algo sobre o qual ninguém poderia fazer qualquer coisa por nós, isso me fez me sentir culpada.

Entendi que esse sentimento era reflexo de ter me tornado ainda muito nova, a força da minha casa, eu era inspiração de coragem, força e determinação. Mas carregar excesso de bagagem não é saudável, pois uma hora você não consegue carregar mais, a conta chega e o seu corpo sente, sua estrutura fica exaurida. Não havia culpados, apenas uma mania de querer encontrar respostas para tudo ou uma dificuldade de processar os problemas.

"Respondeu Jesus, e disse-lhe: O que eu faço não o sabes tu agora, mas tu o saberás depois".

João 13:7

Então, sem muitas respostas, ou explicações agradáveis fomos para o hospital. Tudo estava tão triste e tão difícil, pensei que iria ser medicada e ir para casa. Mas não foi bem assim, fiquei internada para um processo de curetagem e de dor física e na alma. E nem meu esposo pode ficar comigo, fiquei na companhia de uma irmã da igreja, pois como se tratava de um hospital público, homens não podiam entrar na enfermaria. Foi uma noite inteira acordada, orando, chorando, sentindo dor, muita dor na alma. Nesse dia, tinha apenas uma canção nos meus lábios:

> *"Me sustentas em minha dor, e isso me leva mais perto de Ti. Mais perto dos Teus caminhos.."*
>
> **(Vai valer a Pena / Canção de: Livres para Adorar)**

Fortaleza na fraqueza

Mas uma vez eu entendi que eu tinha que ser forte. Houveram frases que ouvi muito durante toda minha vida, coisas do tipo: *"Essa menina é grande, mas só tem tamanho, ela é muito mole." "Minha filha, você tem que ser mais forte"*, *"Essa menina é mole igual uma pamonha."*

Naquela fase da minha vida eu não entendia de força, não sabia como ela era e nem tampouco como adquirir essa força.

Demorei para entender que os fortes não nascem com essa força, eles vivem seus momentos de fraqueza e só assim adquirem forças, porque o poder do Senhor se aperfeiçoa na sua fraqueza.

O dia amanheceu, o procedimento aconteceu, milagrosamente eu tive dilatação sem nenhuma dor, pois vi mulheres gemendo a noite toda de dor e eu não. O pior de tudo isso é deixar o centro cirúrgico sem um bebê nos braços, é você ficar em um quarto com um bercinho vazio do seu lado, é você ver mães com os bebês e você não.

Lembrei-me de quando uma pessoa veio visitar uma outra mãe e pensando que eu estava dormindo disse: "Cadê o bebê dessa aqui?" ao que outra pessoa respondeu: "Oh tadinha, ela perdeu!".

Mas uma vez me vi como a coitadinha, me reportei aquele bebezinho frágil que eu era, que passou da hora de nascer. Que foi rejeitada pelo pai e que era "mole como uma pamonha". Mas havia sempre uma canção em meus lábios.

*"Não compreendo os Teus
caminhos, mas te darei a minha canção.."*

(Vai valer a Pena / Canção de: Livres para Adorar)

No entanto, naquela primeira noite ali, recebi uma visita tão forte do Espírito Santo, sua doce voz me dizia: "Você é forte!"

Você é forte

As visitas que recebi, todos estavam comovidos, alguns com pena, outros com compaixão. No entanto, eu decidi que seria forte. Pedimos ao médico que se possível nos desse alta antes do dia porque no final de semana aconteceria um grande evento, uma conferência da Arena Jovem em um ginásio e eu era a líder desse evento, e eu precisava estar lá.

Essa decisão parece loucura? Sim, e eu já fiz algumas loucuras por Jesus, porque tudo o que eu faço é com intensidade, minha entrega é total, meu caminhar com Ele é sem volta e iremos juntos até a eternidade. Ele deu tudo por mim e eu sempre darei o meu tudo para Ele.

Assim, saí do hospital pela manhã, e à noite a Luísa, minha intercessora, uma mulher de Deus, da qual você ainda vai ouvir muito falar nesse livro, estava lá em casa arrumando meus cabelos, e enquanto ela fazia uma trança soluçando e orando me perguntava: "A senhora vai mesmo?"

A resposta era sim, e de noite, com passos lentos, com todo repouso e cuidado lá estava eu, no ginásio com 700 jovens em uma conferência, realizando um sonho e com a certeza de que poderia até ter perdido algo físico, mas estava ganhando no Reino do Espírito.

Ouvia muitos dizerem: "Pastora, como você é forte!" Mas em mim, ainda parecia habitar aquele frágil bebê. Os meses se passaram e eu sempre me pegava pensando no rostinho, em como seria, se menino ou menina. Com quem se pareceria? Às vezes encontrava uma roupinha ou qualquer outra coisinha do enxoval e chorava, chorava muito!

O sofrimento era meu companheiro naqueles dias, mas nossa missão jamais parou, a obra jamais parou, cumpríamos o nosso propósito em todo tempo independente da dor. Entendi que a minha missão está acima dos meus problemas pessoais e emocionais.

Passei o ano de 2014 inteiro tentando engravidar. Não desistimos do sonho de ter mais um bebê. E no culto da virada do ano de 2014 uma profeta, uma mulher de Deus, a Luísa, chegou em meu ouvido, quem a conhece muito bem sabe, que ela dá os "recadinhos de Deus" amorosamente sussurrando em nossos ouvidos. Quando eu estava no altar ela chegou e disse: *"Em fevereiro a sua restituição estará de1 mês!"* E assim foi, eu estava grávida novamente! Deus é bom! Deus é fiel!

Capítulo 3

Vivendo os sonhos de Deus

Setembro 2015

Uma gravidez mais que desejada, um bebê mais que sonhado, a Kaká, nossa filhinha, dizia o tempo todo que seria uma menina porque ela havia pedido pra Jesus uma menina. Confesso que fiquei assombrada, enquanto não passasse as 13 primeiras semanas de gestação, pois o efeito recência ainda era muito vivo em minha memória.

Então, como uma boa gravidez os dias foram passando e os meses também. Tive um tranquilo e bem diligente pré-natal, salvo algumas contrariações e fortes decepções com pessoas, no que diz respeito à vida ministerial, afinal uma gota na vida de uma gestante se torna um oceano, e ter sido abandonada ministerialmente por pessoas tão queridas me abalou muito, muito mesmo durante toda a gestação.

Sobre pessoas, fui aprendendo nessa jornada que algumas pessoas te ferem e outras te curam.

Enfim, tudo arrumadinho para a chegada da nossa bebê, quarto, enxoval, decoração e coração acelerado. Alegria era o que tomava espaço em nossa família. Assim, no dia 28 de setembro de 2015, em São Luís, capital do Maranhão, as 8 da manhã de uma bela quarta feira, nasceu a Hadassa.

Uma menina linda, perfeita, comprida, medindo 55cm e com uma carinha que era a cópia fiel de sua irmã Kaiandra. Olhando fotos das duas recém-nascidas não tem como não fazer confusão. Olhar para a Hadassa era como se o meu coração gritasse: RESTITUIÇÃO! Aleluiaaaaaaaaaa.

"A glória desta última casa será maior do que a da primeira."

Ageu 2:9

Completamente felizes

Na hora de registrar a Hadassa, algo sai do combinado, meu marido todo feliz me diz que ia colocar Hadassa Vitória. No nosso combinado durante a gestação o nome não seria composto, não gostei muito da mudança, mas não me opus e terminou por ficar Hadassa Vitória Lourenço Emiliano.

Minha recuperação foi ótima, o retorno pra casa também foi excelente, tendo em vista que percorreríamos em torno de 250 km até a nossa casa, na cidade de Santa Inês - MA. Já em casa, juntamente com nossa família espiritual, muitos irmãos, discípulos amados e minha mãe, que me ajudava nesses primeiros dias, nos sentíamos completos e felizes com nossas duas meninas.

No entanto, diferentemente do primeiro pós-parto, eu não sabia o que era dormir uma noite inteira com a Hadassa. Me lembro bem que a Kaiandra só acordava ao amanhecer, mas era tudo diferente. Até o primeiro ano de vida, não soube o que era dormir durante toda a noite.

Aos 21 dias de vida, a Hadassa foi consagrada, apresentada ao Senhor no altar, um momento muito marcante para o pai, que na qualidade de pastor estava apresentando sua própria filha ao Senhor. Durante o momento da apresentação, a Luísa, aquela profeta que Deus usou para dizer acerca da minha gravidez, chegou aos meus ouvidos e disse emocionada: *"Pastora eu vi a Hadassa, ainda muito pequena, orando e profetizando, e muitas vidas se convertendo"*. Eu recebi essa palavra com muita fé e glorifiquei o nome do Senhor.

O tempo passou tão rápido e logo já estávamos comemorando seu 1º ano de vida. Com um vocabulário bem vasto, andando por todos os lados, com alguns dentinhos, comemoramos com a nossa família da fé, celebramos o aniversário da Hadassa Vitória.

Rescrevendo minha história

Cada dia uma surpresa nova, cada dia uma gracinha diferente, experimentando cada vivencia da dádiva de sermos pais de duas meninas lindas! E além disso, estava podendo proporcionar aos meus filhos aquilo que nunca tive, a começar pela presença de Deus que é algo palpável, um lar harmonioso, cheio de amor e respeito, onde se cultiva valores e princípios, tendo como principal amar a Deus acima de tudo.

Era viver os sonhos de Deus, e realizar os meus sonhos N'Ele, estava tão feliz que nem sequer pensava em pedir alguma coisa, apenas viver e agradecer. Como eu já contei, minha infância foi de muitas privações. Eu morava com minha avó e via minha mãe apenas aos finais de semana pois ela trabalhava viajando a semana toda.

Era uma criança muito sozinha, convivia somente com adultos, falava sozinha e ficava por horas e horas calada. Minha avó e minha mãe chegaram a pensar que talvez eu tivesse transtornos mentais. Mas não tinha não, meu comportamento expressava reflexos de traumas vindo do abandono e rejeição.

É tão bom você olhar no retrovisor da sua vida e contemplar o quanto Deus te ama. De uma vida cheia de imperfeições, de situações que pareciam ser impossíveis, eu venci, superei e estou aqui.

Então, o conteúdo desse livro se mistura entre minha história de vida, minha casa, minha família e a vida da Hadassa. É todo um contexto e como eu disse no início é um enorme quebra cabeça, sombras do que vivi, do que fui e de quem hoje eu sou. Desassociar a vida da Hadassa da nossa história não seria possível, para que você pudesse entender o todo.

No entanto, não se engane, esse continua sendo um livro sobre força, sobre a capacidade de suportar o que parece insuportável. Desde cedo eu precisei ir além de mim mesma, **já vivenciei situações de briga na escola** e tremia cada vez que, ao apanhar na escola, ouvia minha mãe dizendo: "Você precisa ser forte". Mas jamais consegui me imaginar sendo tão forte, até então.

> **As suas reações diante de momentos difíceis determinam o seu destino.**

Capítulo 4

O querer e o realizar

*"Pois é Deus quem produz em vós
tanto o querer como o realizar, de acordo
com sua boa vontade".*

Filipenses 2:13

Julho 2017

Eu sempre entendi em minha vida ministerial que..

Quando dizemos um SIM para Deus, a responsabilidade de tudo é de Deus. E quando dizemos um NÃO, a responsabilidade é toda nossa.

Então, desde a minha conversão, a minha vida ministerial, meu chamado e tudo a todo tempo foi sempre dizendo SIM para Deus. E, por dizer sim ao Senhor nós estávamos no Maranhão há 16 anos.

Nos casamos em Goiânia e praticamente após o casamento nos mudamos para lá. Foi onde crescemos espiritualmente, construímos nossa família, edificamos nossas vidas, vivemos as mais intensas e profundas experiências com Deus. Pois entregamos o nosso tudo, estávamos ali sem família, sem a nossa parentela, longe de todos e enfrentando algumas precariedades econômicas, que infelizmente norteiam aquele belo estado. Estávamos ali em uma entrega total, ouvindo e obedecendo a voz de Deus, cumprindo o IDE com todas as nossas forças.

No entanto, após esses 16 anos, começou a ser gerado em nossos corações o desejo de voltar para a nossa terra natal, para o nosso estado de origem. Eu sou mineira, mas criada praticamente no Goiás. Assim, começamos a orar e buscar em Deus a aprovação para o desejo do nosso coração. Voltar e entender que o nosso tempo de missão nessa terra tão amada havia acabado.

Mas não sabíamos o proceder de nada, como seria a mudança, no que trabalharíamos, como nos sustentaríamos, se iríamos abrir uma igreja novamente ou apenas auxiliar nossos bispos na sede. Mas, nos encorajamos das respostas e sinais de Deus que tivemos e assim nos mudamos.

Eu dizia sempre que eu sabia o que estava "perdendo", a igreja, amigos, discípulos, líderes, trabalho e recursos financeiros estáveis, pois eu estava com o meu consultório de acompanhamento psicopedagógico fluindo, montado e estruturado. Eu sabia o que estava ficando, deixando e renunciando, mas não sabia o que estava nos esperando. Porém tínhamos o fundamental, as confirmações de Deus, a palavra do Senhor e a bênção da nossa liderança.

A mudança

Incrível como uma mudança gera em nós sentimentos diversos. Mudar não é fácil, mudar é crescer e crescer dói. Toda mudança é uma decisão interior, pessoal e intrasferível. E toda mudança é uma tomada de decisão.

Fazer o certo não é tão fácil.

Obedecer é desafiador. Porque não se tratava mais da nossa vontade, do nosso querer, mas sim dos planos e da vontade do Senhor para nós. Tínhamos a certeza de que tudo fazia parte dos planos de Deus e não somente dos nossos.

Algumas pessoas questionavam o fato de estarmos indo embora, porque estávamos nos mudando se tudo estava indo tão bem? A igreja, nosso profissional e pessoal. Porque ir embora? Se era só crescer, continuar, ficar e prosperar?

Só mude quando tudo estiver bem

No entanto, sabíamos que estávamos fazendo o certo e na hora certa. Aprendi que não se deve fazer mudanças, como muitos fazem, mudam de igreja, findam casamentos, pedem contas em empregos exatamente porque as coisas não vão bem. As mudanças não podem ser baseadas em mágoas, frustações e decepções, sendo assim vistas como fuga, que acarretará outros problemas.

Mudar é necessário, mas mude quando tudo estiver bem, quando tudo estiver maravilhoso, quando você estiver totalmente curado. Esse foi o nosso grande desafio, pois estávamos vivendo uma fase maravilhosa e tivemos que abrir mão, renunciar!

Novo tempo

Pensávamos no início que era sobre nós, mas nunca foi tão somente sobre nós e sim sobre Ele. Nossa vida é um barquinho buscando direção e o Senhor é quem nos dá essa direção, nessa imensidão de oceano que é a nossa vida.

Então, a nossa despedida, mudança e partida começou a ser organizada e planejada. A igreja foi avisada, o choro vinha com um misto de gratidão e saudade! Há tempo de chegar, tempo de ir embora. Tempo de partir e tempo de ficar. E o nosso tempo de partir tinha chegado. Deixamos a terra do Maranhão, mas essa terra nunca nos deixará, porque conosco temos duas maranhenses, pedacinhos de nós e de lá.

Fizemos um culto de Ação de Graças, uma despedida. Foi incrível, rever nossa história, rever amigos e pessoas que fizeram parte da nossa história. E poder, juntamente com cada um, agradecer a Deus por tudo o que ELE fez em nós e através de nós ali. Depois de muitas lágrimas de gratidão e saudades lá fomos nós rumo ao novo.

O sonho e a realidade

Agosto 2017

Chegamos em Goiânia, vivendo o Novo de novo. Cheios de expectativas, sonhos e planos do melhor de Deus sobre as nossas vidas, sobre a nossa família. Apesar de às vezes um pouco assustados pelos desafios do novo, estávamos bem felizes. O Regis começou a trabalhar juntamente com o meu cunhado e eu também na primeira semana em Goiânia já tinha palestra agendada em uma renomada instituição.

Na igreja estávamos nos adaptando e tudo aos poucos se encaixando. Alugamos um apartamento bem aconchegante, em um condomínio perto da minha sogra. Que felicidade! Depois de 16 anos estávamos em família novamente. Íamos para o trabalho, a Hadassa ficava com a vovó Lúcia e a Kaiandra no colégio. Assim se seguiam os dias e a rotina.

Estávamos muito felizes, o Salmo 126 mais uma vez traduzia todos os nossos sentimentos:

"Quando o Senhor trouxe os cativos
de volta a Sião, foi como um sonho. Então
a nossa boca encheu-se de riso, e a nossa
língua de cantos de alegria. Até nas outras
nações se dizia: "O Senhor fez coisas
grandiosas por este povo". Sim, coisas

Estávamos assim, felizes, sorrindo à toa. Até que o dia mau, a grande tristeza chegou sem avisar. Durante uns 3 dias seguidos, minha sogra me avisou preocupada que a Hadassa estava olhando estranho pra ela, dava muitas piscadinhas e entortava a boquinha. De início, pensamos ser gracinha de criança, fazendo "bichinho" ou qualquer outra brincadeirinha.

Lindando com o incerto

No entanto, em um dia que jamais me esquecerei, nós estávamos calmamente almoçando em casa, quando ela se aproximou de mim tomando suco, de repente o copo de suco caiu e quando olhei para ela, o suco estava escorrendo em sua boquinha paralisada e ela caiu no chão, como se estivesse desmaiando, na verdade ela perdeu os sentidos.

Hadassa estava com 1 ano e 11 meses, seu aniversário seria no mês seguinte. Fomos para a emergência do hospital com o coração na mão, destruído, dilacerado, sem saber o que pensar e o que esperar, somente na certeza do incerto que estava por vir. No hospital ela estava com os sentidos recobrados, o médico após avaliá-la, diagnosticou CRISE DE AUSÊNCIA.

*"Uma crise de ausência é um tipo de crise de **epilepsia**, mais comum em crianças do que em adultos, cujos sintomas caracterizam-se por breves interrupções da consciência em que a pessoa fica ausente e estática por alguns segundos, retornando a seguir para onde tinha parado".*

Fonte: www.medicoresponde.com.br/o-que-e-uma-crise-de-ausencia/

Fomos encaminhados para o Neuropediatra, foi onde nossos caminhos se encontraram com Dr. Raphael. As crises duravam apenas 20 segundos, o que para nós pareciam uma eternidade. Não fazia mais sentido estar ali em Goiânia, não parecia mais que estávamos realizando um sonho, pois tudo o que estávamos vivendo era um eterno pesadelo. Essa não era a realidade que havíamos sonhado, saímos do Maranhão com outras expectativas na bagagem.

As nossas visitas a clínicas e hospitais passaram a fazer parte da nossa rotina, entramos com medicação e tratamento para as crises de ausência. Mas a medicação não funcionava, as crises não cessavam e evoluíram para um outro quadro. Fizemos novos exames e mais consultas, epilepsia focal era o novo diagnóstico.

Nada normal

Algumas palavras de consolo eram ditas a nós através do médico, que se as convulsões fossem controladas com a medicação mais forte, mesmo sendo epilética a Hadassa poderia ter uma vida normal. Mas nada para nós era normal. Nossos sonhos desmoronaram.

Sequer cogitávamos aceitar ou se conformar com tal situação, porém não tínhamos nenhuma resposta da parte de Deus. Apenas a convicção de que ELE estava cuidando de nós. Ainda que não estivéssemos vendo e nem percebendo. Por isso, posso dizer a você, leitor, que..

> **Ainda que você não veja, ouça ou perceba, Ele está cuidando de você.**

Nossa pequena começou a tomar remédio controlado contra epilepsia, uma tristeza para nós. Vê-la desfalecer em cada convulsão, para mim era como se estivessem tirando o meu ar. Tão pequena, tão indefesa, tão inocente. Nossa rotina mudou por completo, os gastos com médicos, exames, remédios também aumentaram.

As convulsões não tinham hora, Hadassa tinha que estar sendo cercada, vigiada o tempo, porque dependendo de onde ela estava ou que estivesse fazendo poderia se machucar gravemente. Nós sabíamos que estresse, noites mal dormidas, cansaço físico, febres incitavam convulsões, começamos a nos disciplinar para evitar tudo isso, mas nada adiantava, nem as medicações estavam cessando. Às vezes o que já é difícil começa a parecer impossível.

Em busca de respostas

A qualquer momento eu esperava Deus nos responder. A qualquer momento aguardávamos pelo cessar das crises convulsivas. Essa era a nossa oração, esse era o nosso clamor.

Quando olhávamos para ela sem as crises, uma criança perfeita, sorridente, inteligente, comunicativa, e nós estávamos tentando, fazendo um esforço desumano para levar uma vida normal.

A família toda estava abalada, os amigos mais próximos também estavam. A Kaiandra estava triste, mas ela ainda não assimilava muito bem o que estava acontecendo, tudo era muito novo para ela, a mudança de cidade, a "perda" das amizades. Meu Deus, quantos conflitos vivemos aqueles dias. Nossos momentos de alegria eram poucos, pois eram roubados por essa enfermidade.

Eu orava e esperava pela cura, pelo milagre, pelas respostas de Deus. Como filha eu queria que o Pai me explicasse o que estava acontecendo. Minha gravidez foi bem acompanhada, pré-natal e exames rotineiros todos realizados com diligência, nada fazia sentido.

São os dilemas da vida que você não precisa saber, não precisa entender. Você só precisa crer. Crer contra a realidade, crer mesmo que os seus olhos estejam vendo o contrário! Apenas creia!

O controle não está em nossas mãos

"Pra onde eu irei, se eu não tenho pra onde voltar? Só tenho você Deus. Palavras de vida eterna..."

(Pra onde eu irei? /Canção de: Morada)

Março 2018

Ano novo, vida nova! O ano de 2018 estava novinho, tinha acabado de nascer e juntamente com esse novo ano, nossas esperanças e fé renasceram também. Certos de que as misericórdias do Senhor se renovam a cada manhã.

Estávamos vivendo um novo desafio, tínhamos nos mudado de Goiânia, e pela direção de Deus através da nossa liderança, nos mudamos para Caldas Novas-GO. Agora éramos pastores da Sara Nossa Terra de Caldas Novas e o tratamento da Hadassa ainda continuava.

Fomos recebidos pela igreja com boas expectativas, alguns estavam felizes por estarmos ali, outros nem tanto. Mas o desejo de agradar ao Senhor era tão soberano em nós, que conseguimos superar algumas rejeições. Estávamos ali não para sermos amados, mas para amar. Por maiores que fossem os desafios de adaptação da igreja com os novos pastores, tínhamos a convicção do nosso chamado e a certeza de que o próprio Deus estava nos conduzindo até aqui.

Passamos apenas três meses em Goiânia e então nos mudamos mais uma vez. Apesar das feridas, das dores, das dificuldades e de todas as incertezas estávamos felizes. Muito felizes! Nossa filha Hadassa estava vivendo o seu primeiro ano escolar no maternal, escola onde eu também era professora no mesmo horário de estudo dela, de modo que eu podia acompanhá-la sempre e estar presente.

O espinho na carne

Se as convulsões cessaram? Não. As medicações aumentaram e as convulsões acontecendo, como um espinho em nossa carne, enfrentávamos duas, três, quatro convulsões diárias. Seu primeiro aninho escolar foi marcado por muitos desafios, onde suas atividades escolares, brincadeiras, eram frequentemente interrompidas por causa das convulsões, fora o risco que ela corria de cair e se machucar.

No entanto, Deus sempre nos mostrava seu cuidado conosco, pois não colocou uma professora comum em nossas vidas, colocou um anjo, sim porque a Tia Rê cuidava dela como se fosse sua própria filha, o amor e cuidado incondicional dessa professora ultrapassou as funções pedagógicas.

Um dia a Hadassa começou a gaguejar, e como eu disse no início ela era muito falante e comunicativa, mas para o aumento da nossa angústia e das lágrimas que regavam a nossa fé, essa gagueira aumentou a ponto de ela perder a fala, não conseguir emitir os sons e desistir até mesmo de pronunciar algumas palavras.

Ligamos para o médico na madrugada, ele disse que devido às convulsões as descargas neurais estariam muito fortes, provavelmente isso explicaria o ocorrido. Fomos imediatamente para Goiânia, pois os médicos, tratamentos e exames dela eram todos realizados lá. Foi a viagem mais longa que fizemos, 160 km de louvor, oração e clamor.

Meu esposo e eu nem conversamos nessa viagem apenas orávamos e chorávamos. Há algo muito especial em servir a Deus.

Você pode não entender nada do que está acontecendo, mas tem a certeza de que alguém o está vendo, ouvindo e colhendo suas lágrimas, pois cada uma delas têm um significado especial para Deus.

Chegando em Goiânia não tinha muito o que fazer a não ser um novo exame. Mas dessa vez seria uma ressonância. Se os outros exames já eram difíceis de realizar, exames de sangue, eletros com sono induzido, que de repente ela acordava quase no finalzinho do exame e arrancava todos os eletrodos. Imagina esse, que tinha o jejum, não podia nem sequer beber água e ainda a anestesia. Chegando à clínica tudo conversado, todas as dúvidas sanadas fomos até a sala, Hadassa foi sedada então começou o exame. Tudo era muito novo para mim e muito assustador.

Do lado de fora estávamos apreensivos, coração na mão. Até que passados alguns minutos o médico mandou nos chamar, para que autorizássemos a aplicação do contraste, pois havia uma imagem que ele teria que ver melhor. Uma grande dúvida foi gerada, porque o neuropediatra dela, não havia solicitado contraste, pois ele foi bem categórico em dizer que as imagens a serem captadas no exame da Hadassa seriam simples.

Enfim, com muita relutância autorizamos. Passados mais alguns minutos fomos chamados novamente na sala, eu já sabia que as notícias não seriam boas. O médico começou a mostrar as imagens, o crânio da Hadassa ali na tela e ele nos mostrando uma lesão que o preocupava. Ele usava muito a palavra lesão até que em um momento ele deixou escapar a palavra tumor. Eu queria me certificar bem do que ouvi e perguntei, se ele tinha dito tumor. Ele confirmou que sim.

E agora?

Lembrei-me das vezes que já tinha ouvido as pessoas dizerem de determinadas situações em que elas perderam o chão. Acredito que foi isso que me aconteceu, parecia que estava flutuando e sem sentir literalmente onde estava pisando, me veio um tremor nas pernas, uma sensação de desmaio.

O médico nos perguntou o que ela vinha sentindo, se ela tinha febre, ele não sabia se era um tumor maligno ou benigno, ligou para o neuropediatra dela e na mesma hora, enviou as imagens para ele e nos disse que precisaria de uns dois dias para redigir o laudo, pois teria que sentar com uma equipe para avaliar o mesmo.

Saímos da sala, para esperar que o exame fosse concluído. Na lotada sala de espera da clínica eu não enxerguei ninguém, sentei-me do lado de fora da clínica, olhei para o céu com a sensação de que estava olhando o céu pela primeira vez na minha vida e só chorava. A pergunta na minha mente era: o que vamos fazer agora? O que será que vai acontecer? Estávamos vivendo algo que eu nunca imaginei passar na minha vida. É o tipo de situação que você nunca pensa que vai acontecer a você.

Voltamos para sala, para receber a Hadassa, enquanto ela estava ali, deitada, acordando da anestesia, começamos a orar, a impor as mãos sobre a cabecinha dela, essa seria a primeira oração de muitas, com o mesmo pedido: *"Senhor cura a Hadassa, faça com que esse tumor desapareça em nome de Jesus!"*

"A oração nos lembra de que não estamos no controle. Mas nos leva para perto Daquele que está no controle".

Na volta pra casa estávamos no carro em silêncio absoluto, eu, Dona Lúcia minha sogra, se soubéssemos que iríamos receber tal notícia, teríamos poupado dona Lúcia de nos acompanhar, pois a dor que ela estava sentindo era imensa. Regis em silêncio dirigia totalmente descontruído pelas lágrimas. Eu, brincando e conversando com a Hadassa, sem acreditar que ela tinha um tumor no cérebro, tão linda e tão inocente.

Tempo de chorar

Certa vez ouvi que a vida é como uma roda gigante, tem momentos que você está lá em cima. E lá de cima sua visão é linda, mas também há momentos que você está lá em baixo, sem visão ampla do todo. A sensação era de que nossa roda não estava girando, porque estávamos somente lá em baixo, sem a visão de nada, sem ao menos cogitar e nem entender nada.

Conversamos com o neuropediatra, ele lamentando disse que o tumor estava em uma região de delicado acesso para cirurgia, pois afetaria a sua região de fala e motora. As convulsões que não cessavam com medicação, os episódios de perda de fala, eram ocasionadas pelo tumor. A medicação não controlava porque o tumor era o causador das convulsões, enquanto ele estivesse ali, as convulsões continuariam. Na manhã seguinte já estaríamos com os exames e resultados em mãos e uma consulta com a oncopediatra já tinha sido agendada.

"Tudo tem o seu tempo determinado, e há tempo para todo o propósito debaixo do céu".

Eclesiastes 3:1

O nosso tempo foi de chorar... Chorar... E chorar. Nossa noite foi longa, regada de muito choro e orações. Se o tempo era de chorar, não havia em nós outro comportamento se não o de choro! Eu, verdadeiramente nunca soube o que era sofrer até esse dia, até esse diagnóstico. A consulta do dia seguinte gerou em nós a expectativa de haver alguma boa notícia, afinal cremos em um Deus que pode mudar sentenças.

O neuropediatra havia dito que talvez ela seguisse a vida, com medicações que cessassem as convulsões, que o tumor DNET não cresceria, e ela poderia ter uma vida normal, afinal ele teve pacientes que convivem com esse tumor e que o único mal que ele causa são as convulsões.

A consulta com a oncopediatra

Passamos a noite praticamente em claro, sem sequer imaginar que seria uma sucessão de noites em claro que teríamos. Bem cedinho, estávamos no hospital e para a minha tristeza estávamos no hospital de câncer, na ala infantil. Meu coração ficou oprimido, entristecido por tudo que vi. O neuropediatra disse que não era maligno, mas o certo é que nada poderia ser afirmado até que uma biópsia fosse feita.

> **Nada é tão bom que não possa melhorar. Nada é tão ruim que não possa piorar. (Autor desconhecido)**

A médica, muito gentil, avaliou os exames e disse que lamentavelmente a solução era cirúrgica. Ela se lamentou exatamente pela área delicada em que o tumor estava pelo risco de sequelas que a Hadassa correria. Ela afirmou que todo tumor cresce sim, e que a Hadassa correria grandes riscos se não fizesse a cirurgia e que corria riscos também se fizéssemos a cirurgia.

Ela disse entristecida por nós, lamento mais o único tratamento é cirúrgico. Ela pegou o telefone e ligou imediatamente para o Neurocirurgião que se dispôs prontamente em nos atender, em outro hospital. Ao desligar ela disse, a cirurgia dela pode ser marcada dia 04 de Abril e estávamos no início de março.

Uma angústia tomou conta de nós naquele momento. Como que essa cirurgia poderia ser algo assim tão rápido? Não poderíamos marcar, não havíamos ouvido Deus ainda, não tínhamos a certeza de nada. Uma cirurgia que sabíamos como ela entraria na sala, mas não saberíamos como ela sairia dessa sala. Não conseguimos decidir nada naquele momento.

Saímos dali e fomos para outro hospital, falar com o neurocirurgião. E havia um detalhe importante, estávamos de médicos em médicos, uns particulares outros não, sem planos de saúde, sem dinheiro e sem enfrentar as longas filas de espera que existe na saúde. Deus a nossa frente abrindo os caminhos.

Eu tinha uma sensação de andar sem sentir os pés, ver as pessoas sem enxergá-las, ouvir sons, vozes e não identificá-los. Eu parecia de fato não estar ali.

*"Quando o mundo cai ao meu redor,
teus braços me seguram."*

(Quando o mundo cai ao meu redor / Canção de: Livres para

Adorar)

Com certeza, eu não sentia mais o mundo, eu não sentia mais o meu redor, apenas uma certeza me visitava, a de que havia SEUS braços para me segurar. E que quando os meus pés não tocavam mais o chão, ELE me dava asas para voar.

A consulta com o neurocirurgião

Chegamos ao hospital, na sala de espera pelo neurocirurgião, as horas se arrastavam. A vida ficava passando diante de mim, o único entendimento que eu tinha era de que eu nunca havia sofrido antes. Que todas as dores que eu já havia sofrido até ali, para mim não foram dores verdadeiras.

Quando enfim fomos chamados pelo médico, ele avaliou todos os exames, nos fez algumas perguntas, pois a Hadassa não estava conosco. Pelo tamanho do tumor ele insistiu em perguntar se a Hadassa andava normalmente, se ela falava e como era seu comportamento no que diz respeito aos aspectos cognitivos. As respostas eram de que tudo estava normal.

O médico em questão já não tinha a docilidade da médica anterior, foi rude e frio, ele nos disse assim: O tratamento é cirúrgico, ela corre o risco de 3% de vida – 30% de perder a fala – 5% de perda de coordenação motora, fora as outras sequelas das quais não podemos prever. E podemos marcar essa cirurgia para próxima semana.

Lembro-me claramente quando eu disse: "Doutor, não podemos decidir isso assim". **Foi quando ele disse: "Eu não deixei essa decisão para vocês, eu já decidi. O tratamento é cirúrgico.** Caso contrário ela tomará remédio a vida inteira e continuará tendo convulsões. Correndo o risco de o tumor crescer e dos riscos de sequelas só aumentarem."

Eu e o Regis já não controlávamos e nem segurávamos o choro na frente de ninguém. Saímos dali sem marcar a cirurgia. Não tinha como ser assim, não havíamos escutado Deus, não tínhamos direção alguma para tal decisão. Não sabíamos o que fazer, aliás não sabíamos de nada!

O anjo Raphael

No dia seguinte estávamos nós com o Neuropediatra, consultando a opinião dele. Aliás, o Dr. Raphael não se tratava mais de um médico comum, mas de um anjo, um instrumento usado por Deus para nos abençoar. Pois de todos os lugares que estivemos e médicos que consultamos, foram por intermédio dele. Sem ter plano de saúde, entrávamos e saímos de hospitais e consultórios sem pagar nada.

O Dr. Raphael apenas ratificou o que o neurocirurgião tinha dito, claro que de uma forma mais humana, mas ele deixava bem claro que temia pelas sequelas da cirurgia. E quando eu perguntei a ele, se ele submeteria um dos filhos a esse procedimento ele, respirou fundo, encostou-se na cadeira e disse: Não sei!

Mas o caso não se tratava de uma urgência, poderíamos esperar até uma próxima ressonância. Até lá, foi receitado mais uma medicação além da que ela já tomava. Tínhamos o prazo de 6 meses, até o próximo exame.

Saímos do consultório desolados, essa situação já não estava afetando somente nós dois, toda nossa família estava abalada, minha mãe desconsolada, minha irmã muito triste, meus cunhados, minhas concunhadas, minha sogra, meu sogro, tios, tias, primos e primas, todos duramente golpeados por aquele diagnóstico assustador.

Além disso choravam conosco a amada igreja de Caldas Novas, Maranhão e Goiânia. Irmãos na fé, amigos discípulos, líderes, professores da Hadassa, amigas do trabalho. Todos se condoíam da nossa situação. Imaginavam em suas palavras de consolo, como seria estar no nosso lugar, mas é desconfortável até de se imaginar. Dói até de imaginar.

Ainda no mesmo dia, na parte da tarde, fomos consultar outro médico. Um neuropediatra bem conceituado de Goiânia, com uma das consultas mais caras e agenda superlotada, teríamos que esperar 4 meses para falar com ele. Mas de tanto insistir com a secretária, consegui um encaixe para aquele mesmo dia.

A quinta opinião

Esse era o 5º profissional que conversámos, a última opinião que já tínhamos decidido ouvir. Pois recebíamos muitas sugestões de médicos a serem consultados, a ouvir uma 3ª opinião. Pois bem, estávamos na 5ª opinião e ouvimos as mesmas coisas.

Naquele dia eu estava cansada, exausta. Não queria ouvir mais médico nenhum e nem mais ninguém. Eu precisava ouvir tão somente a voz de Deus. Precisávamos orar mais, jejuar mais, fazer campanhas e tudo mais que estivesse ao nosso alcance para que ouvíssemos a voz de Deus.

Quando eu pensava nessa cirurgia me vinha um calafrio na espinha que tomava conta do meu corpo todo. Eu tinha muito medo e sabia que o medo não era algo bom de sentir por que conforme nos ensina a Palavra: *"O verdadeiro amor, lança fora todo medo" (1 João 4:18).*

Fé, não é a ausência de medo. Mas o entendimento de que há algo maior do que o medo e que vale a pena.

O Regis já não tinha tanto medo, ele apenas tinha convicção de um milagre pelas mãos do Senhor. Tínhamos um tempo, uma espera de seis meses para um próximo diagnóstico. Seria um bom tempo para Deus agir (como se Deus precisasse de tempo para agir). E nós precisávamos orar... orar... orar... e orar... hora após hora.

Não devo orar até Deus me ouvir. Mas sim até eu ouvir Deus.

No dia seguinte voltamos para casa. Havia uma programação na igreja acontecendo, um revisão de vidas que é um encontro com Deus. A equipe de trabalho havia feito tudo com excelência, nós tínhamos a orientação de desmarcar esse evento ou de não estar presente, pois estávamos muito abalados. Mas o altar era o único lugar que eu desejava estar. A obra de Deus era tudo o que eu desejava realizar.

Quando demos o resultado do diagnóstico para todos, um ambiente de tristeza e fé foi gerado e sabíamos que havíamos entrado em uma grande batalha por nossa menina.

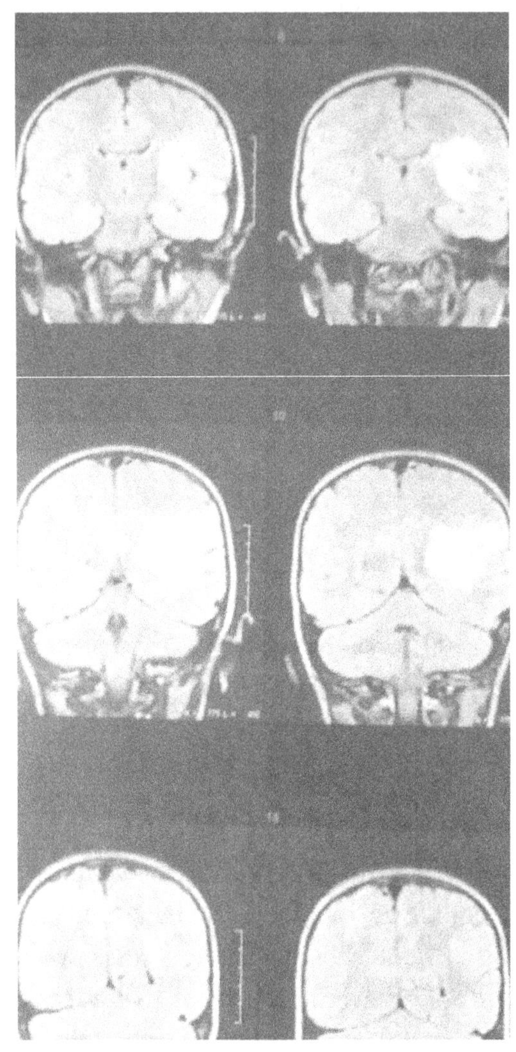

Exame que delatava a extensão do tumor

A espera de um milagre

Junho 2018

O Deus que fez o cego ver, o morto ressuscitar, a tempestade se acalmar. Assim estamos esperando por um milagre. Um milagre chamado Hadassa. A cura da Hadassa. Tentamos viver o ditado que diz: vida que segue! E de fato, a vida seguia, continuamos a nossa rotina, no trabalho, na igreja, eu com meus afazeres de mãe, dona de casa, pastora, professora. Estávamos envolvidos em um grande paradoxo de dor e alegria, de tristeza e esperança, de lágrimas e sorrisos.

A vida seguia sim, mas não seguia normal. Não éramos mais os mesmos. Pois todos os dias ouvíamos aquela vozinha doce, infantil e indefesa anunciar "feve", pois a Hadassa passou a pressentir as convulsões e assim ela nos avisava, o que seria "febre" em sua pronúncia infantil era o aviso que uma convulsão estava a caminho.

Parávamos o que estivéssemos fazendo para socorrê-la. Com os olhinhos estatelados, respiração ofegante ela ia se contorcendo, debatendo e desfalecendo em nossos braços. De duas a quatro vezes por dia. E para aumentar a nossa dor, algumas vezes ela perdia o controle do xixi, e o fazia enquanto estava tendo crise. Partia o coração de quem via, arrancava lágrimas e soluços de quem presenciava.

Se você já presenciou uma crise epilética, você sabe do que eu estou falando. O médico dobrou a medicação, eram duas medicações fortes por dia. Remédios controlados e tarja preta para uma criancinha de apenas 2 anos e 7 meses. Efeitos colaterais diversos, prisão de ventre, pele ressecada compulsão alimentícia, instabilidade emocional, sensibilidade excessiva, irritabilidade e por fim, as unhas foram ficando opacas, ressecadas, quebradiças e fazendo um buraco no meio de suas pequenas unhas. Estava muito difícil, o sofrimento era imensurável.

> *"Não despreze a tua cruz, a renúncia*
> *é o braço de equilíbrio pra você. Hoje você*
> *não entende, mais um dia irá saber. Que as*
> *pegadas de Jesus são o mapa do tesouro,*
> *Deus tem recompensas pra você."*
>
> **(Mapa do Tesouro /Canção de Anderson Freire)**

Certo dia para o meu maior temor e angústia o hospital nos ligou pela manhã, agendando a consulta pré-operatória da Hadassa e uma avaliação de uma junta médica. Não demonstramos muito interesse, então o hospital entrou em contato com o meu cunhado, pois eles estavam intrigados com o fato de nos negarmos a aparecer no hospital.

Uma difícil decisão

Me preocupei se não iríamos virar caso de polícia por negar a fazer a cirurgia. Pois bem, decidimos ir, mas antes disso havíamos combinado com um pastor amigo, que passaríamos na igreja dele, onde um pastor de fora, um profeta muito usado em cura estaria pregando e na ocasião ele queria orar com a gente.

Assim aconteceu, fomos até lá, ele orou por nós e disse: **"Não façam essa cirurgia, não deixem os médicos abrirem a cabeça dela."**

Pronto, encontramos alguém que disse tudo o que gostaríamos de ouvir. Não fazer a cirurgia era o nosso maior desejo, fazer a próxima ressonância e ver que o tumor havia desaparecido era o milagre que precisávamos e que clamávamos. Afinal, todas as pessoas com quem conversávamos, nenhuma delas tinham tido tamanha ousadia. Ninguém dizia, sugeria ou sequer achava coisa alguma. Pois ninguém queria se comprometer a uma opinião ou sugestão da qual ficassem reféns.

Então, recebemos aquela palavra e decidimos em nossos corações, que **não iríamos fazer a cirurgia**. Sequer fomos pra Goiânia na manhã seguinte que seria a tal consulta pré-operatória. Recebemos a cura, tomamos posse dela em nossos corações. Dormimos bem, dormimos em paz.

Nos próximos três dias que sucederam a essa oração, a Hadassa ficou 3 dias sem ter sequer uma convulsão. Já estávamos até nos preparando para o grande dia, para testemunhar o grande milagre, mas para nossa perturbação, ela teve convulsão no 4º dia, e não foi somente uma.

Entendo que muitos em nosso lugar já teriam feito a cirurgia. Muitas pessoas nos viam como irresponsáveis com a saúde da Hadassa. Mas que mal havia em nós, o mal de crer na Bíblia? De querer ver Isaías 53, se cumprir sem uma intervenção médica? Que o Deus que ressuscita os mortos, deu vista aos cegos é o mesmo ontem, hoje e será eternamente?

Lidando com o julgamento

Como se não bastasse a dor que estávamos sentindo, tínhamos que lidar com o julgamento. Eu ficava muito triste, quando via em muitos crentes o primeiro incentivo ser logo o cirúrgico, de argumentos reais e convincentes, do tipo: *"Ah Deus deu o dom e a inteligência para os homens, Deus vai usar os médicos."* Sabíamos de tudo isso, não é errado alguém pensar assim, mas como não pensar também na outra opção.

> *"...E quando o filho do homem vier,*
> *por acaso achará fé na terra."*
>
> **Lucas 18:8**

O tempo estava avançando e aquilo que tínhamos que fazer teria que ser logo, familiares nos pressionavam pela decisão, por uma postura, amigos nos cobravam uma ação. Quanto mais cedo fosse a cirurgia, mais nova, maiores seriam as chances de recuperação da Hadassa.

No entanto, precisávamos de uma palavra, de uma certeza, de uma voz de comando de Deus em nossos corações. Não tínhamos essa voz, não tínhamos essa certeza e aprendi que na dúvida, se deve ficar parado onde está. Na dúvida não se mova, não saia do lugar.

Sem respostas

(Autor desconhecido)

Eu não consegui situar esse capítulo em um tempo ou espaço, como estava fazendo anteriormente. Pois, seja qual for o tempo, dia ou mês em que esses fatos sucederam, as coisas continuavam da mesma forma. Simplesmente sem respostas, ou com as respostas as quais não conseguíamos ver, ou discernir.

É preciso entender que o silêncio também é uma maneira de como Deus fala com a gente.

Pois tudo parecia estar no mais longo silêncio. Havia dias, que tudo não era apenas difícil, mais sim impossível. Haviam orações que eram somente lágrimas.

Ore mesmo que não tenha mais nada a falar e que simplesmente sua alma comece a chorar.

Existia em mim uma vontade de gritar clamando por minha vida de volta, tudo parecia um pesadelo, aquela vida não parecia ser a nossa. Não era o que sonhamos, pedimos ou desejamos. Todos os momentos de alegria que vivíamos eram incompletos, tínhamos um problema, uma dor que não dava trégua, algo cuja solução não estava em nosso controle. Um pedacinho de nós sofria, e tudo isso não parecia ser justo com alguém tão pequenina, tão pura, ingênua, tão inocente.

> **Pode acontecer que em algum momento alguém tire tudo o que você tem, mas não permita que tirem a sua fé.**

Sem respostas

Nós não tínhamos respostas e nem erámos obrigados a tê-las. Um dia, em uma conversa com uma amiga ela me disse: "N*ossa, vocês ainda estão vivendo esse problema, o que será que Deus requer de vocês?"* Eu disse em lágrimas: "*Que não venhamos a desistir, que venhamos a prevalecer, sem esmorecer, desanimar, ou perder a nossa fé.*"

Outra pessoa também disse: *"Nossa, vocês são pastores e tem tanta fé, mas parece que não está resolvendo pelo tanto que essa criança está sofrendo."* A essa pessoa eu disse: **Eu sei que o meu redentor vive e que uma hora dessas Ele se levantará em nosso favor.** Você conhece a frase que diz: "Deus dá grande batalhas para seus melhores guerreiros"? A sensação é de estávamos sendo confundidos com o Rambo.

Tudo o que um crente pudesse fazer, de jejuns, orações, propósitos, buscas por Deus, votos, todos os recursos naturais e espirituais que julgávamos ser importantes, nós os buscamos. Quebras de maldições através das gerações, pregações, pregadores, orações de homens e mulheres de Deus, tudo. Havia noites que eram tão longas, que a escuridão parecia não ir embora jamais.

> **_Crise é a falta de luz, sobre determinada circunstância onde simplesmente ficamos sem conhecimento algum do que estamos vivendo._**

Precisávamos de respostas, as que queríamos e estávamos cercadas de pessoas que as queriam também, nas entrelinhas alguns exigiam respostas, mas eu era incapaz de dar-lhes.

Tudo vai passar

Eu sonhava sim, com um dia que eu ia acordar e não ver a Hadassa ter mais nenhuma convulsão. Eu imaginava como iria ser a gente percorrendo o mundo, as nações, gritando, falando, pregando, que nossa filha tinha um tumor no cérebro e esse tinha desaparecido.

Assim como eu me lembrava do médico dizendo que as convulsões eram perigosas e tinham que ser controladas porque um dia ela poderia não voltar mais. **Eram muitas vozes. Você precisa sim, saber ouvir, mas ouvir a voz certa.**

E havia sim, aquela voz que nos sustentava. Que dizia em meio a todas as circunstâncias contrárias, que tudo ia dar certo. Que tudo ia passar. E que nós só precisávamos suportar.

Por diversas vezes, começávamos a clamar por cura, meu marido e eu, e éramos visitados por uma presença de Deus tão forte, que o que estávamos pedindo não era mais importante. E só queríamos ficar ali, desfrutando daquela presença, onde sua graça nos bastava.

O Amor de Deus

Setembro 2018

Vai tudo bem com a mulher de Deus

Na história da Sunamita, descrita em 2 Reis 4:8-32, vimos uma anônima de uma fé irrepreensível. Seu filho estava morto, mas quando ela encontra com o profeta e é por ele perguntada como está, ela responde: *"vai tudo bem com a mulher de Deus"*.

Assim como aquela mulher eu também não iria permitir que nada mais morresse em mim. Ainda que sucumbida pela dor, eu não poderia me esquecer do amor de Deus por mim, da alegria e das necessidades da nossa filha primogênita Kaiandra, das responsabilidades para com a igreja e meu trabalho, porque apesar de tudo eu ainda conseguia dar aulas. Eu me sentia assim, como aquela mulher, uma anônima, em meio a tantas vozes e tantos clamores feitos a Deus. Mais uma voz, mais um alguém que clamava desesperadamente por um milagre. Que em meio às dores, aprendeu a responder: "sim está tudo bem!"

Você não precisa ser quem você não é. Você só precisa viver de acordo com o que você acredita que vai ser.

Não era hipocrisia dizer que estava tudo bem, sendo que não estava nada bem. Era simplesmente fé. Mesmo em meio a dor eu entendia que Deus não se manifesta pela nossa necessidade, mas pela nossa fé. O filho da Sunamita foi ressuscitado. Assim eu cria, que a Hadassa Vitória seria curada!

O presente

Chegou o mês de setembro, mês de celebrar a vida da nossa pequena. Dia 28 ela completaria seu terceiro aninho e tinha pedido um "neversário" de Branca de Neve". E assim comemoramos, na escola junto com os coleguinhas e com a sua amada professora.

Já pensou se após o seu aniversário de 3 aninhos ela fosse curada e se esse fosse o presente dos céus para nossa pequena? Nisso pensávamos todos os dias, todos os dias eram dias de esperar o milagre e se isso acontecesse, seria o melhor presente de todos, mas não recebemos esse presente.

Nessa época a professora da Hadassa, outro professor da escola, uma irmã da nossa igreja e um amigo médico lá do Maranhão nos disseram para procurar o hospital de Barretos. Hospital de grande referência no tratamento do câncer. Mas aquelas sugestões não faziam o menor sentido para mim, não eram agradáveis para mim, o hospital era de tratamento de câncer e minha filha graças a Deus não tinha nenhum câncer, até o presente momento os médicos diziam que o tumor DNET tinha o aspecto benigno.

Eu pensava: "para que nos deslocar para São Paulo, sem conhecer ninguém, com recursos financeiros escassos?" Logo de imediato descartamos essa possibilidade, pois para mim não havia necessidade e o meu coração não tinha esse desejo.

O amor, nossa única certeza

Todos os nossos dias seguiam, cercados de grandes desafios e muitas guerras, interiores e exteriores. A Hadassa não estava curada ainda. Mas tínhamos uma convicção do grande amor de Deus por nós.

E entendemos que não é simplesmente porque Ele nos ama, que Ele tem que fazer o que queremos e como queremos.

Muitos de nós, temos um entendimento egoísta sobre amor. Porque amamos, satisfazemos, não contrariamos, não frustramos. Deus nos ama e isso é totalmente independente ao fato D'Ele ter que realizar ou não nossos desejos e vontades.

"Respondeu Jesus, e disse-lhe:
O que eu faço não compreende, mas
compreenderás depois".

João 13:7

É difícil viver sem respostas. É difícil viver sem entender e isso é fé. Não viver pelo que vejo, mas sim pelo que creio. Assim eu o convido a uma reflexão: Quais são os seus refúgios quando você não está tendo respostas? Quem você procura? Pra onde você corre?

A cirurgia da Hadassa não era urgente. Porém, o que fôssemos fazer não poderia esperar tanto. Aproveitando a idade de 3 aninhos, contando com a neuroplasticidade havia uma pressão da decisão sobre nós. Quando decidir não é algo fácil, toda decisão tem um preço.

> **Você paga o preço da sua decisão e também da sua omissão.**

Decidindo baseado no amor

Hadassa Vitória estava totalmente nas mãos do Senhor, nós não poderíamos ser culpados, condenados, por crer até o fim. Por querer que Isaías 53 se cumprisse na vida da nossa pequena.

> *"Verdadeiramente ele tomou sobre si as nossas enfermidades, e as nossas dores levou sobre si; e nós o reputávamos por aflito, ferido de Deus, e oprimido".*
>
> **Isaías 53:4**

Nós tínhamos o senso de responsabilidade, de juízo de que tínhamos que fazer alguma coisa. De que tínhamos que tomar uma decisão. Mas não tínhamos uma palavra de Deus para isso, nada, nenhuma orientação que nos fizessem mover de onde estávamos.

Como eu disse, aprendi que na dúvida, fique onde você está. Quando você não tem certezas permaneça, pois nosso Deus não é Deus de confusão e tem portas que Deus abre e tem portas que Deus fecha! Enquanto Deus não te der uma direção, não faça. Não escute a voz das suas emoções, as emoções nos fazem tomar uma decisão permanente baseado em sentimentos passageiros. Pois o coração muitas vezes é enganoso.

Não era tão simples como muitos achavam ou diziam, faça logo essa cirurgia! Na verdade, é bem mais fácil dizer ao outro o que fazer, quando essa decisão não é com você, quando o peso da história não está sobre você. Mas, quando temos a certeza de que Deus está cuidando de tudo a alma fica calma. Eu poderia duvidar de mim mesma, da minha resiliência, da minha capacidade e até mesmo da minha fé. Mas nunca desse amor, do amor de Deus!

O amor é o que faz você acreditar, quando estamos desacreditados.

Dia de milagre

Outubro de 2018

Inicio esse capítulo pensando sobre o que é o milagre. Entendemos por milagre o que nasce daquilo que não tem mais jeito, não encontra amparo em nada mais senão na intervenção divina. E vou além, qual a expectativa do coração que espera por milagres?

Sete meses haviam se passado, data de realizarmos a segunda ressonância e comprovar o milagre! Ver que o tumor havia desaparecido! Dia de testemunhar com todos que estavam orando e crendo conosco, que a cura chegou e o milagre se manifestou.

O dia tão esperado chegou, Hadassa amanheceu na preparação de mais uma ressonância, bem cedinho estávamos no hospital. Choro, sedação, preparação. Enfim o exame começou. Infindáveis 40 minutos se passaram.

Nunca vou compreender o mistério do tempo, pois 40 minutos para quem está se divertindo não é nada, passa tão rápido. Os mesmos 40 minutos para quem está sofrendo, angustiado é uma infinidade. Os médicos não nos chamaram como da primeira vez, ninguém nos deu resposta alguma. Tínhamos que esperar o laudo que sairia em 2 dias.

Nesses dois dias decidimos confiar e acreditar. Quando finalmente pegamos o exame e abrimos, eu fiz uma leitura leiga, mas ali já sabia que não teríamos boas notícias. Meu esposo não quis analisar nada, fomos imediatamente para o neuropediatra.

O abalo das convicções

A grande expectativa foi frustrada. A notícia não era a desejada. O tumor não havia desaparecido, pelo contrário ele havia CRESCIDO. Para nossa tristeza e confronto da nossa fé, da nossa esperança, o tumor não havia desaparecido e nem diminuído, ele estava maior. E parecia que a minha fé estava menor. Minhas convicções estavam sendo totalmente abaladas naquele momento.

Eu me lembro muito bem, da tristeza nos olhos do Dr. Raphael. Não sabíamos ao certo, se essa tristeza era do coração dele, ou se era o reflexo de dois pais, desolados, totalmente frágeis e sem nenhum consolo, sentados na frente dele.

Assim ele nos disse que infelizmente o caminho era cirúrgico. Se o nosso médico, se lamentou pelo processo cirúrgico, imagine nós! E para completar ele ainda disse que tumores benignos não crescem, então não sabíamos mais com o que estávamos lutando. Só uma biopsia agora poderia nos dar qualquer certeza.

A notícia não era a esperada e as respostas estavam longe de ser aquelas que tanto desejamos. Perdi o chão mais uma vez. E como já não tinha mais chão e não podia cair lembrei-me de que: *"Quando eu perdia o chão, Deus me dava asas para voar"*.

Assim eu estava, sem chão para que eu pudesse sequer pisar e caminhar. Então, uma canção inundou meu interior e mesmo arrasada eu cantarolava mentalmente: "Se diante de mim, não se abrir o mar, Deus vai me fazer andar por sobre as águas".

O Dr. Rafhael nos disse que se ela já tivesse alguma limitação na fala, ou na coordenação motora, ele não hesitaria quanto a cirurgia, porque o tumor estando localizado nessa região é impossível de não apresentar sequelas. Aquela era sem dúvida a situação mais difícil das nossas vidas.

Eu olhava as pessoas ao meu redor e pensava: como é a vida, uns tão felizes sorrindo, vivendo suas vidas normalmente, sem filho doente, como há tanta disparidade assim? Quando somos tomados por tamanha dor, corremos o risco de sermos egoístas, achando que tudo parece muito injusto e olhamos só para a nossa dor.

Saímos do consultório do Dr. Rafhael e fomos consultar o neurocirurgião. Sem plano de saúde, consultas caras e particulares. Mas em tudo fomos sustentados. Deus provendo o tempo todo! Em mim, havia uma dor tão grande, queria sair daquela clínica GRITANDO. Uma vontade de chorar para que todos pudessem ouvir. **Mas, uma voz me dizia, eu sinto a sua dor. Eu ouço o seu choro. E isso foi o suficiente.**

Lidando com o medo

Quando chegamos ao consultório do neurocirurgião eu comecei a passar mal. Vômitos e calafrios, que eu não conseguia controlar. Choro, muito choro. Medo, muito medo. Mas, uma certeza que eu tinha: o amor de Deus lançaria fora todo medo.

> *Você pode até sentir medo. Mas não pode ser vencido por ele. Afinal, coragem não é ausência de medo, mas o entendimento de que existe algo lá na frente que é mais importante do que o medo. Coragem é o que nos impede de ceder ao medo. É o medo colocado em oração.*

Após a consulta com o neurocirurgião, não tínhamos mais para onde correr. O tratamento era cirúrgico e já saímos do consultório com os pedidos de todos os exames pré-operatórios e assim que os mesmos estivessem prontos a cirurgia seria marcada. Ele, um médico muito renomado em Goiânia, porém, eu o via tomado por um comportamento "mecânico".

Acredito que aquele comportamento era devido aos anos de profissão. O que era tão comum e fácil para ele, não era da mesma forma para nós. Mas em um dado momento da nossa conversa, eu senti Deus falando através da boca dele. Foi quando eu disse a ele pela segunda vez aos prantos: *"Doutor essa é uma decisão muito difícil de tomar, fazer ou não essa cirurgia"*. Então sua resposta foi a mesma: *"Vocês não têm que tomar essa decisão. Eu já decidi por vocês. O tratamento é cirúrgico e não há outra forma"*.

Estranho, pois a princípio eu senti raiva dele, pois me pareceu arrogante e prepotente. Mas depois, no meu íntimo, aquela voz soou como a voz de Deus, dizendo pra mim: "Eu já decidi por vocês. O caminho é cirúrgico!"

O dia mau

> *"Portanto, tomai toda a armadura de Deus, para que possais resistir no dia mau, e havendo feito tudo, ficar firmes."*
>
> **Efésios 6.13**

Para nós o dia mau havia chegado. A má notícia estava ali, diante de nós. E nós impotentes, sem poder fazer nada! Mas nós sabíamos que o mesmo Deus bom do dia bom, é o mesmo Deus bom do dia mau. Agora a questão estava em resistir firme o dia mau, que vem para todos. Não escolhe pessoas, dia, hora ou lugar. Ele simplesmente chega, aparece sem avisar.

Nesses dias que sucederam eu tive que vencer a TAG, Transtorno de Ansiedade Generalizado. Manter o controle da minha mente eu conseguia, mas impedir as alterações psicossomáticas que isso causava no meu corpo eu não conseguia. Calafrios, insônia, taquicardia, dores de cabeça e em todo corpo. Choro compulsivo e enjôos.

Um dia como todos outros, estávamos almoçando em família, senti minha boca formigando, mas para o meu marido que estava de frente pra mim, minha boca estava repuxando, meu olho também. Isso aconteceu algumas outras vezes. A pressão estava grande demais.

Dia do Milagre

Nessa altura, você pode estar se perguntando porque intitulei esse capítulo como: "Dia de Milagre" já que no exame não houve o desaparecimento do tumor, como teria sido o esperado, como foi crido e pedido em oração.

> *O milagre é continuar crendo, mesmo não tendo esperança. O milagre é continuar de pé, mesmo com fortes golpes para te derrubar. O milagre de continuar perseverando, crendo no caminho, sem desistir.*

O milagre de sorrir em meio às dores. De compreender o incompreensível. De crer que a última palavra vem do Senhor. De não perder a esperança. Continuar a viver, viver um dia de cada vez e fazer tudo naquele dia conforme as minhas forças.

O milagre de não abandonar o ministério, de continuar na frente da igreja, pregando, ministrando, liderando e discipulando. O milagre de orar por curas, de falar de milagres tendo a filha doente em casa. Sim, todos os dias são um milagre.

"Só há duas maneiras de viver a vida: acreditando que milagres não existem. Ou acreditar que todas as coisas são um milagre".

Albert Einstein

Uma promessa

Novembro/Dezembro 2018

As notícias eram ruins, mas havia uma promessa e eu precisava trazer à memória aquilo que Deus me prometeu. Há momentos em que você precisará se apegar as promessas que são de Deus, crendo que

o tempo de desfrutar da promessa após cumprida será sempre maior que o tempo de espera do cumprimento da promessa!

Quais são as promessas que você tem esperado se cumprir na sua vida? A minha, a nossa, era a Hadassa totalmente curada!

Davi recebeu ainda menino a promessa de que ele seria Rei de Israel, aproximadamente 14 anos depois a promessa se cumpriu. A espera foi longa, mas quanto tempo ele desfrutou? O restante da sua vida toda!

José também recebeu a promessa de que seria alguém importante no Egito, se passaram anos e quantas provações ele enfrentou para que a promessa se cumprisse. Quanto tempo ele desfrutou da promessa? O restante de sua vida toda!

> **A alegria de viver o cumprimento das promessas será imensamente maior do que as dores da espera do cumprimento das promessas.**

Estávamos há quase dois anos sofrendo com a Hadassa doente, as convulsões eram diárias, duas, três, quatro convulsões por dia. Era uma promessa de cura, que parecia estar distante de se cumprir. E quão difícil é esperar, como nós sofríamos nessa espera, para nós era a dor da espera.

Lembra quando eu disse no início que a minha gravidez da Hadassa foi profetizada e revelada no altar? Eu carreguei em meu ventre uma promessa!

Na época da minha gestação o Brasil estava vivendo um surto de *Zica Vírus e *Chikungunya, as quais tem os mesmos sintomas da dengue. São parecidas inclusive. Eu tive Zica Vírus com 5 meses de gestação. Uma das sequelas eram crianças nascerem com hidrocefalia. Alguns diziam que aos 5 meses nós estaríamos livres de qualquer risco, outras mães contraíram com a mesma idade gestacional que eu e as crianças nasceram com hidrocefalia. O senhor nosso Deus nos livrou desse mal. Aleluia.

Quando a Hadassa foi consagrada ao Senhor com 21 dias, apresentada no altar, a mesma irmã que profetizou a minha gestação, teve uma visão da Hadassa ainda pequena, no altar, profetizando e vidas se convertendo.

Eu me apegava a essas promessas. A única certeza que eu tinha, que com ou sem cirurgia a Hadassa estaria curada e viva.

Porque fiel é aquele que prometeu. Lembro-me, inclusive, que no desespero, eu liguei para a Luísa, pedia os detalhes da visão que ela teve. Ela afirmava: *"Sim pastora, eu vi essa menina pregando".*

Quanta responsabilidade estava na vida dessa profeta. Ser um profeta é algo muito sério e muito confuso nos dias de hoje. A Luísa é nossa intercessora, uma verdadeira profeta, uma mulher de Deus!

A certeza em meio às incertezas

Por que temos incertezas diante do cumprimento de uma promessa? Por que não temos fé? Por que não somos crentes de verdade? Ou por que não oramos ou jejuamos o suficiente?

Não... nada disso!

Simplesmente porque Deus não vai prometer aquilo é óbvio!

Não se trata daquilo que estamos vendo, daquilo que é natural, daquilo que tem plenas condições de ser e de acontecer. A promessa, não tem base alguma no presente para se cumprir. No caso da Hadassa o tumor cresceu, a doença aumentou. Mas tínhamos uma promessa e ela iria se cumprir.

Talvez a sua situação seja, o casamento que acabou, o filho que saiu de casa por causa das drogas, a casa foi tomada pelo banco, a empresa faliu, ficou desempregado. Não importa, uma promessa não se trata do óbvio, daquilo que estamos vendo, daquilo que tem aparente solução. Deus não promete o óbvio e sim o que é desafiador, mas a despeito das circunstâncias, vai se cumprir.

Quando você tem uma promessa, você não precisa fazer mais nada, a não ser esperar. Sei que a espera não é fácil, principalmente diante das incertezas. Mas diante das incertezas, há uma única certeza, a de que eu tenho uma promessa!

O desafio da espera

A espera traz inquietação. Esperar é muito difícil, principalmente se a dor, a raiva e a ansiedade forem maiores que suas convicções. Por isso, nesse processo Jesus precisa acalmar o seu coração, a espera de uma promessa desafia os nossos limites emocionais. Mas a sua fé, tem que estar acima dos seus sentimentos.

"Ora, a fé é a certeza daquilo que esperamos e a prova das coisas que não vemos".

Hebreus 11:1

"Aquietai-vos e sabeis que eu sou Deus".

Salmos 46:10

Tenho aprendido que aquietar-se é uma tarefa nossa e não de Deus. A especialidade de Deus é cumprir tudo aquilo que Ele prometeu. A nossa parte, é guardar o coração na promessa e esperar.

Situei esse capítulo em dois meses, novembro e dezembro. E confesso que estávamos em muita correria como é de praxe no final de ano. Férias escolares, confraternizações familiares e também com a igreja. Cultos, planos, projetos, grandes projetos para 2019.

Mas o espinho na carne continuava, as convulsões não davam trégua e nós também não parávamos, lembro-me de um dos cultos que meu marido estava pregando, nós estávamos sentadas nas primeiras cadeiras, Hadassa começou a passar mal, vomitar, dar convulsões em meio ao culto. Fomos para emergência eu, ela e uma discípula, nesse dia era febre, vômito e convulsões uma após a outra, minha discípula ficou apavorada. Meu marido continuou a pregar, terminou aquele culto, nem sei como ele conseguiu continuar a pregar.

Ventos de mudança

Da escola que eu trabalhava, a mesma que a Hadassa estudava, decidi pedir para sair. Não foi uma decisão fácil, porém a mais correta, pois se fôssemos seguir com a cirurgia, nossa pequena precisaria muito de mim. E eu não estava mais com saúde emocional para dar resultados no trabalho e suprir as demandas vivendo esse momento tão delicado.

Em meio a tudo isso, clima de final de ano, correrias e festividades, uma irmã da nossa igreja entregou ao meu esposo um papel com o telefone do Hospital de Barretos e disse: "*Pastor, o senhor liga lá e se informa sobre os procedimentos de marcar uma consulta para a Hadassa*".

Como disse anteriormente, meu coração estava fechado para qualquer consulta em Barretos. Eu relutei e o meu esposo não deu muita importância. Mas acontece que quando encontrávamos com essa irmã nos cultos, elas sempre perguntava se tínhamos ligado lá em Barretos, então para não dar sempre a resposta negativa, no dia 23 de dezembro meu esposo ligou no Hospital de Câncer de Barretos, cujo nome havia mudado para Hospital de Amor.

Eu estava ansiosa ao seu lado ouvindo toda a conversa. Perguntaram se a paciente tinha diagnóstico de câncer, ao que o Regis respondeu negativamente. Então a atendente disse: "*Senhor, só recebemos pacientes com diagnóstico de câncer".* Eu imediatamente pensei: *"Tá vendo, eu já sabia!"* Mas antes de desligar o telefone ela perguntou qual era a idade da paciente e quando meu esposo respondeu que era 3 anos, ela pediu que aguardasse e transferiu a ligação.

Outra atendente, também muito educada, perguntou sobre o caso, nos passou um e-mail para que encaminhássemos todos os exames dela. Assim que mandássemos tudo, era para aguardar que eles retornariam o contato. Cumprimos com todo protocolo e confesso que pensei que esse retorno nunca aconteceria. Tipo aquelas entrevistas de emprego, que quando você não agrada, o entrevistador diz que qualquer coisa entrará em contato.

Então, os dias seguiram normalmente na medida do possível. Aguardamos um 2019 cheio de esperança, planos, projetos e claro...a espera de um milagre!

Um lugar de amor

Janeiro 2019

Feliz ano novo!

Iniciamos um novo ciclo, cheio de expectativas e esperança em nossos corações. O tema do ano de 2019 em nosso ministério era: "O ano da Determinação Profética!" E assim estávamos nós, crendo, sofrendo, mas crendo! Chorando, mas crendo! Abatidos, mas continuando a crer!

No dia 4 de janeiro, recebemos o e-mail do Hospital do Amor, onde nos davam todas as instruções para uma consulta marcada para dia 11 de janeiro. Meu coração acelerou, as pernas ficaram bambas e no fundo eu temia o futuro que nos aguardava. Mas sabia que seguros estávamos nos braços daquele que nunca nos deixou.

Na véspera da consulta, viagem programada para a cidade de Barretos – SP, um lugar que já tinha ouvido falar, mas nunca imaginei que iria conhecer em uma circunstância como essa. Nos dias que antecederam nossa viagem eu confesso, sim mais uma das minhas confissões que são feitas por aqui, que eu não conseguia dormir, na preparação da mala nem sabia o que colocar. Coração sempre acelerado, pensamentos também.

Confiar além do verbo

Confiar, um verbo que eu sempre defini muito bem e que muitas vezes tive que explicar a outros e o fiz com maestria, mas naqueles dias eu o precisaria conjugar e viver de forma muito intensa. Mais que explicá-lo ou definí-lo eu o estava vivendo na prática, na experiência. Isso acontece quando você não sabe para onde está indo, apenas confia em quem o está guiando.

Eu não sabia exatamente o que estava acontecendo, nem o que me esperava lá na frente. Mas mesmo quando eu nada podia ver, eu escutava uma voz no meu íntimo que dizia: *"Eu estou vendo por você!"* É como ouvir alguém te dizer no escuro de uma considerável altura para pular e não ter outra resposta senão: "Mas, eu não consigo ver nada, está escuro, vou me esborrachar no chão!"

Eu tinha em mim uma voz que me dizia sempre: *"Pode pular, eu estou aqui e vou te segurar!"* Então, eu dei um suspiro saído das entranhas e PULEI... me JOGUEI... e... CONFIEI.

Era assim que eu estava me sentindo, fazendo as malas, para uma viagem não programada, não desejada, nem tampouco estava no pacote de férias, ou na programação das mesmas, mas assim fomos!

> *"Pela fé Abraão, sendo chamado, obedeceu, indo para um lugar que havia de receber por herança; e saiu, sem saber para onde ia."*
>
> **Hebreus 11:8**

Chegamos na cidade de Barretos um dia antes da consulta, para sondar o local, conhecer e nos prevenir de atrasos ou qualquer outra intercorrência. Minha primeira reação foi medo, pois na entrada da cidade havia uma placa que dizia: "Bem-vindo a cidade do Peão e de luta contra o câncer". Imediatamente pensei que minha filha não tinha câncer, o que então eu estava fazendo ali? Mas a resposta eu já tinha: estava confiando!

Quando chegamos nos arredores do hospital, fui tomada por uma sensação de estar no lugar errado, eram tantos ônibus double deck, tantos carros com placas de todos os lugares do Brasil e de fora dele. Médicos, enfermeiros, pacientes entrando e saindo, circulando nos arredores daqueles pavilhões enormes e que levam nomes de vários famosos. Pacientes carequinhas, por causa do tratamento, uns em cadeiras de roda, outros de máscaras. Comecei a chorar e chorar muito.

Não havia lugar

Então começamos a procurar hospedagem e fomos nos deparando com uma imensa dificuldade, a cidade estava lotada. Tinha um encontro internacional de uma igreja lá por aqueles dias, Barretos então sediava esse evento. Não tinha vaga em nenhum hotel, pousada, chácara, nada, tudo lotado.

Ficamos até cansados de tanto ligar, ir atrás e nada. Procurávamos até por uma estrebaria, tipo José e Maria que não conseguiram hospedagem alguma em Belém naqueles dias. Foi aí que entramos em contato com um amigo, Pastor de Goiânia, ele havia nos dito que quando fossemos para Barretos, que procurássemos um pastor amigo dele que tem uma igreja em Barretos.

Ligamos, contamos a situação, então o Pastor Erick em seguida entrou em contato. Ele também estava nos ajudando, tentou encontrar hospedagem para nós e também não conseguiu, oferecendo assim a sua casa para nos acolher. E foi assim que a família Suleiman e a Comunidade Cristã de Barretos entraram em nossas vidas e nos marcaram para sempre.

Posso dizer que aquele foi um encontro marcado literalmente por Deus, não entendíamos como uma cidade como aquela e justamente naqueles dias não teria nenhuma hospedagem. Deus já havia marcado esse encontro, esse dia, pois essa estadia foi um divisor de águas em nossas vidas. Mais à frente você entenderá os detalhes.

Afinal, o que é o amor?

Antes de prosseguir com os fatos subsequentes gostaria de juntos podermos refletir sobre o real significado do amor. O que você sabe sobre o amor? Quais são os conceitos que você tem sobre isso? Estou certa que quando pensamos que sabemos sobre o amor e recebemos amor verdadeiro, descobrimos que não sabíamos nada sobre ele, pois está muito além de todos os conceitos que recebemos ao longo da vida.

Após muito bem acomodados, os pastores Erick e Débora conheceram a nossa história e nós conhecemos sua linda família. Tivemos uma noite de conversa e oração, a primeira de muitas que sucederiam. No dia seguinte às 7hs estávamos no Hospital infantil para a primeira consulta.

Ao chegarmos lá fomos impactados pela estrutura física, mas principalmente pela humanização da equipe. Pelo **amor** que de fato existe naquele lugar. Se o amor é sentir a dor e se colocar no lugar do outro, ainda que esse outro seja alguém estranho, que você nunca viu em sua vida! É abraçar, acolher, sorrir e chorar, independente de raça ou posição financeira, posso dizer que o amor é real ali. Vi como naquele lugar se faz de tudo para amenizar a dor, não apenas física, mas a dor da alma, a dor do coração.

Ver crianças, com uma doença tão cruel, tão avassaladora. Eu estava vivendo um misto de emoções, um turbilhão de sentimentos em mim. Por um lado, havia muita gratidão por sentir o amor e o cuidado de Deus, por outro constrangimento de ver tantas crianças doentes e ao mesmo tempo ver tantos sorrisos. Se eu estivesse escrevendo em um papel, com certeza as folhas já estariam rasgadas pelas minhas lágrimas.

Doutor Paulo Prata, *in memorian 1924 – 1997, o* ser humano idealizador desse projeto, que como muito bem diz em texto registrado em seu busto logo na entrada do hospital: "... pensou em um lugar, onde o ser humano fosse tratado simplesmente por ser, ser humano. Independentes de cor, sexo, religião ou posição financeira." Isso era extremante real ao entrar ali.

Hoje o legado do Dr. Paulo Prata segue, em amor e excelência na administração de seu filho Henrique Prata, biografia que também vale a pena ser lida, assim como um dos seus livros intitulado: ***"Acima de tudo o amor"***.

Fiquei pensando que, comparada a esses seres humanos, o que eu tenho feito com tanta expressividade pelo meu próximo? Mas uma vez, fui constrangida pela minha situação atual. Em nenhum dos hospitais particulares e caros que havíamos frequentado, vi tanta excelência como nesse.

Nesse dia conheci uma senhora que morava em uma aldeia indígena sem nenhum recurso financeiro, conheci uma fazendeira e uma juíza, pessoas de todos os lugares. Percebi que ali não se tratava de pessoas que não tinham dinheiro, mas sim de referencial, estavam ali porque se tratava do melhor lugar do mundo. Não que se deseja estar, mas se precisar estar é o melhor lugar. E todas as pessoas são tratadas de maneira igual.

Ali tudo é de excelência e reflete amor: a brinquedoteca, a recepção, a lanchonete, a comida, a equipe, os mantenedores e doadores. Para se ter uma ideia, a Hadassa chamava o hospital de shopping. Não se trata apenas de ser cuidada, mas de minorar a dor e estar em um lugar onde o amor existe, e esse amor faz toda a diferença.

A consulta

O nosso Deus é Deus de detalhes, então aqui estou eu conforme me sinto orientada por Ele, escrevendo todos os detalhes. Primeiramente fomos atendidos pela assistente social, foi onde as respostas começaram a aparecer, o céu nublado foi clareando. Pois ali percebemos que era impossível estarmos naquele lugar da maneira que estávamos, com uma simples ligação, sem nenhum encaminhamento médico. A não ser o encaminhamento do médico dos médicos.

Conforme íamos averiguando percebíamos que ELE mesmo foi quem nos encaminhou e nos colocou ali. Conheci pessoas que esperaram por dois anos para se consultarem ali, outras tiveram que mover políticos e o poder público e nós, apenas com uma ligação. A assistente social nos disse espantada, nunca vi alguém chegar aqui assim.

Sim... Somos um milagre e estávamos ali por um milagre!

Antes de entrar no consultório, nossa pequena fez vários exames. Ela estava chorosa e um pouco assustada. E nós também estávamos. Quando chegou o momento de sermos atendidos pelo Neurocirurgião, Dr. Carlos, eu ainda esperava ouvir um parecer diferente do médico, diferente dos mais de 8 médicos que já tínhamos ouvido e consultado.

Mas não, atenciosamente e amorosamente ele repetiu os mesmos pareceres, nos restando como opção apenas a cirurgia. Hadassa faria outra ressonância e em seguida a cirurgia seria agendada. Os riscos continuavam os mesmos, um tumor localizado na sua região motora e em parte da região da fala. A causa, o porquê desse tumor continuava desconhecido. Todo o tratamento feito por nós até ali, foi aprovado pelo Dr. Carlos.

Hadassa fez mais uma ressonância, na qual eu ainda tinha toda esperança e toda fé do mundo, que tumor teria desaparecido. Foram tantas orações, tantos jejuns, tantos os clamores individuais e coletivos. Pessoas que conhecíamos e que não conhecíamos também oraram e clamaram pela cura da Hadassa Vitória!

> **Orar se trata de acreditar naquilo que estou declarando e não simplesmente de Deus me ouvir e conceder aquilo que eu estou pedindo.**

Mas eu preciso acreditar, e eu aprendi isso de uma maneira bem dura.

A terceira ressonância foi feita e o tumor não despareceu, continuava lá. Então, o dia da cirurgia foi marcado. Muito choro, muita dor. A sensação era de estar perdendo algo, decepcionada com minha fé, não teria eu tido fé o suficiente para que a nossa pequena fosse curada sem cirurgia?

Mas eu sabia, tinha plena convicção de que o Senhor tinha nos levado para Barretos, para aquele hospital, tudo estava muito claro, assim como estava claro também que as coisas acontecem como ELE quer. As circunstâncias nos levaram até ali, ainda que eu tivesse recusado, estava lá para o cumprimento da sua soberana vontade, por isso entregamos em todo tempo o controle das nossas vidas!

Assim, voltamos para casa do Pastor Erick, para nos despedir e voltar no dia 27, pois a cirurgia estava marcada para o dia 28 de janeiro.

A inocência infantil de quem não imagina o que viria adiante

Foto tirada no dia em que marcamos a cirurgia

Capítulo 13

Qual voz você tem escutado?

Janeiro 2019

Ouvimos muitas vozes, vozes essas que tendem a nos confundir na hora de discernir qual é a voz de Deus. Ainda que de forma mais singela sabemos que há diferença entre ouvir e escutar, enquanto ouvir é captar os sons, escutar vai além, é ouvir com atenção, entender.

Naquela noite de despedida dos pastores para que voltássemos posteriormente para a cirurgia, escutamos Deus claramente através da vida do pastor Erick, sentados em confortáveis cadeiras, em uma bela varanda. O Pastor Erick e Débora Suleiman, porta vozes de Deus para as nossas vidas, em uma palavra baseada em Abraão e Isaque, o Senhor nos disse: "Fiquem tranquilos, essa conta não é com a Hadassa e sim com os pais da Hadassa".

Eu confesso que foi assustador ouvir aquilo, soava como se Deus estivesse nos punindo com algo. Mas a verdade é que não se tratava de punição, mas sim de revelar o que estava em nossos corações.

Ela não vai ter lembrança de nada, de dor, de sofrimento, somente daquilo que vocês contarem a ela, isso sempre o pastor Erick nos dizia. Entendemos então, que Deus pediu Isaque para que o coração de Abraão fosse revelado.

O Senhor quer revelar o que há em seu coração

"Deus irá prover o cordeiro. Entreguem e confiem, vocês chegaram até aqui..."

O neurocirurgião também nos disse que não precisaríamos ter pressa, porém chegamos até ali e não íamos desistir.

Na semana que seguiu em nossa casa, oramos mais, jejuamos mais, juntamente com a nossa igreja e com todos os irmãos que conhecíamos. Então recebemos uma ligação de Barretos adiando a cirurgia, para mim aquela era a cura da Hadassa. O que eu mais pedia aconteceria, Deus a livraria desse procedimento cirúrgico, ela seria curada tão somente pelo toque do Senhor e todas essas dores, angústias e aflições desapareceriam. Eu cri até o fim, acreditei que pudessem iniciar a cirurgia e de repente os médicos se assustariam porque não havia mais tumor algum ali.

Nesses dias de espera estávamos sempre presentes na igreja, nas pregações, nos cultos, no realizar da obra do Senhor, na fidelidade do cumprimento da nossa missão. Alguns se assustavam com tanta firmeza de propósito. No entanto, eu apenas dizia para mim mesma:

"Senhor, para quem iremos? Tu tens as palavras de vida eterna."

João 6:68

O que se faz depois que desiste? Não tem como desistir, não tinha opção de ir para esse lugar. Quem é você depois que desiste? Qual é a sua identidade depois que desiste?

A fé continuava, até porque não tínhamos outra opção senão a crer, apenas o sorriso que os mais íntimos diziam que fazia falta, que já não era o mesmo. Pois aprendi a sorrir entre as dores.

Ainda permeavam a minha mente os pensamentos de estarmos ou não fazendo o que era certo. Um homem de Deus ao orar por nós havia dito para não fazermos a cirurgia, outro nos havia dito para nos entregarmos aos cuidados do Senhor. Não seríamos culpados ou condenados por apenas aguardar em fé, mas não podíamos mais protelar, o tumor havia crescido e sobre nós pesava o fato de que só Deus poderia ter nos levado até Barretos naquelas condições.

Zona de expulsão

Eu aprendi que existe um lugar chamado zona de expulsão, onde você pensa que está seguro, que é o melhor, de repente começam as adversidades para te tirar de lá, porque se fosse por outras maneiras, você não sairia e não enxergaria que era para se mover.

Assim, irmãos, discípulos, pastores, bispos, amigos de perto e de longe, se moveram em oração e em ajuda financeira também. Não sabíamos o que íamos precisar e o que estava a nos aguardar, mas o Senhor nos enviou a provisão. Toda provisão necessária para a viagem.

Nos dias de fazer as malas, um aperto no peito, um choro que era incontrolável. Mas, havia a certeza de fazer o que é certo, ainda que seja difícil, ainda que doa. Porque fazer o que é certo é sempre mais difícil.

Enfim, no dia 03/02/19 partimos. Deixamos a nossa Kaká com um casal de discípulos para cuidarem dela, não sabíamos quando voltaríamos e muito menos o que nos aguardava. A estrada era longa, estava mais longa que de costume, a viagem parecia sem fim. Nós estávamos em um estado de inércia, impotência, sem poder fazer mais nada.

Medo e Temor

Sabíamos sim, que Deus estava no controle, como alguns de maneira consoladora nos diziam. Consolo que não acalentava, pois

> **o controle de Deus não se sujeita a nossa vontade e isso era assustador.**

Verdade é que o temor e o medo vestem a mesma roupa, mas desempenham funções diferentes. O temor não te deixa perder a reverência e o total respeito e honra aquele que é digno. O medo saudável o protege, mas quando ele não é saudável pode paralisá-lo totalmente.

No entanto, apesar de tudo estávamos envolvidos em uma atmosfera de fé inexplicável. Ao nosso redor estavam aqueles que temiam a cirurgia e também aqueles que acreditavam que a cirurgia seria a cura.

Já que oramos, entregamos e confiamos, uma coisa pedíamos então em oração, que a Hadassa Vitória fosse livre de toda sequela, assim críamos e assim estávamos orando. Eu até tinha me inspirado na história de uma garotinha que eu conheci na semana de exames pré-operatórios da Hadassa.

A cirurgia dela tinha sido no cérebro, coincidentemente o mesmo médico e ela não havia ficado com nenhuma sequela, a não ser com a fala um pouco lenta, mas a mãe dela em lágrimas me disse. Por mim, ela poderia ter ficado muda, porque eu queria era ela viva! Abraçá-la, sentir o cheiro dela, tê-la perto de mim, não importava como.

Eu fiquei constrangida, que força era aquela? Que determinação era essa? Que amor? Aquela linda menina estava bem e da mesma sorte eu também acreditava que a Hadassa ficaria bem.

A família que o Senhor nos deu em Barretos

(Pr. Erick orando pela Hadassa no culto)

Hadassa na noite anterior a cirurgia

Além das minhas forças

Fevereiro 2019

Assim que comecei a escrever esse livro, resolvi fazê-lo seguindo a sequência dos fatos, e esse era o capítulo que mais desejei escrever, por ter muito o que escrever, relatar, detalhar. Mas, foi também o mais difícil. Oito meses se passaram (a presente data se trata de outubro de 2019) e ainda estou em prantos por voltar em minha mente naquele lugar, por lembrar de quando o meu mundo caiu e ELE me segurou. Lembrar por tudo o que ELE fez, nos livrou, cuidou e abençoou.

Talvez o nome desse capítulo poderia facilmente se chamar GRATIDÃO ou sou SOBREVIVENTE. Mas a verdade desse livro está em momentos em que não sabemos de onde tirar forças, a força emana Dele. Gostaria que você, querido leitor, sorvesse comigo dessas palavras que em lágrimas escrevo:

"Além das suas forças...

É uma força que você não sabe que tem, até o dia que você precisa dela.

Além das suas forças...

Você descobre que é forte, quando essa é a sua única opção.

Além das suas forças...

Você não precisa ser forte o tempo todo. Você só não pode desistir.

Além das suas forças...

Ser forte não se trata de não sentir dor, mas de continuar a caminhar apesar de sentí-la".

Dia 04 de Fevereiro de 2019

Para mim, este foi o dia em que a terra parou. Eu já viajei muito, já fiz muitas malas na minha vida. A mala mais feliz que já fiz, foi a da maternidade, apesar das inseguranças daquela fase, a alegria e o amor eram imensamente maiores. Mas essa mala foi a pior de todas. Sem alegria, com pesar e com a tristeza e sem saber ao certo o que levar e o que, de fato, iria precisar, só sabia que **havia naquela bagagem fé e lágrimas,** muitas lágrimas.

Pontualmente às sete da manhã, estávamos no hospital. Lá chegando nossa pequena foi brincar, enquanto nós resolvíamos as partes burocráticas, assinávamos papeis, termos de compromissos e responsabilidades que eram preferidos nem ler, tamanha crueldade de tudo que poderia com ela acontecer. E o pior, a vida dela, também não poderia ser garantida. Os riscos eram muito grandes.

Hadassa já estava vestida adequadamente e o neurocirurgião e uma das enfermeiras nos recebeu. E nós a entregamos. Ela saiu dos nossos braços e juntamente com ela foi tudo o que eu tinha, meu coração, minha alma... tudo estava ali.

A Entrega

Nós a entregamos, como quem não queria entregar, não queríamos soltar, não sabíamos como ela iria voltar. Pra piorar, ela me olhou em lágrimas e disse: "Mamãe, você não vai vir?" Insegurança e medo estavam em seus olhinhos. Ao que eu respondi: "A mamãe e o papai vão te ver daqui a pouco". E ela foi nos braços da enfermeira, aos berros pelo corredor dizendo: "eu quero a minha mãe!"

Que momento difícil foi aquele, mas quando Deus nos pede para entregar, não temos outra escolha a não ser entregar. Entregar o que amamos. Tínhamos a convicção de que Ele estava ali e de que nos levou até ali, mas não sabíamos o quão insuportável seria.

Em momentos assim, penso quão doloroso foi para Deus entregar o seu filho único, para viver todo o martírio por nós, para morrer uma morte de cruz por nós. E nenhuma dor por maior que seja, por mais legítima que seja, se compara a dor de Cristo na Cruz por nós. Só posso dizer: Jesus te ama! E esse amor te salva.

Pedi permissão para o neurocirurgião, peguei as duas mãos dele e orei com ele, abençoei aquelas mãos, e a partir daquele momento eu sabia que não seria mais ele a operar minha filha.

Nossa pequena Hadassa entrou no centro cirúrgico às 8h22. E nós: o Senhor, o Régis e eu (a trilogia perfeita) ficamos do lado de fora. As horas iam se passando e não havia fome, sede, alegria, nada! As preocupações eram muitas. O telefone não parava e nós não respondíamos, pois não tínhamos condições de fazê-lo

O poder da oração

Nesse dia, sei que muitos irmãos pararam também para interceder, deram uma pausa em sua rotina para orar pela nossa filha. Nossa igreja parou, nossos discípulos, ovelhas, todos se comprometeram. No Maranhão, igrejas fizeram vigília e relógio de oração 24hs. Havia intercessores em vários estados: Goiás, Minas Gerais, Maranhão, São Paulo, Rio de Janeiro, Distrito Federal, Pará, Mato Grosso e Tocantins. Em outros países inclusive, Estados Unidos e Chile. E muitos outros lugares que talvez eu nem tenha conhecimento, pessoas que não nos conheciam, mas que se uniram a nós por essa causa.

> **"Deus não se move pela nossa necessidade, mas pela nossa fé."**

Chega um momento que você percebe que se não fosse a oração, nada adiantaria. A oração não é algo para se recorrer como último recurso, não é como a porta dos desesperados, mas o primeiro recurso dos avivados.

De hora em hora vinha o boletim da cirurgia que nos informava que tudo estava correndo bem. Mas as horas não passavam, a previsão da cirurgia que era de 3 a 5 horas, já passava de 6 horas e nada! Nosso coração estava aflito, até que o Dr. Carlos saiu para conversar conosco, avisando que já havia terminado e que correu tudo bem, ela estava bem, estava viva.

Eu perguntava aflita: ela está falando? Ela está mexendo os bracinhos? Ela vai andar? Quando ele me disse: "Vamos mantê-la viva primeiro, uma coisa de cada vez."

Ouvir aquilo me deu um frio na espinha. Ela esteve no centro cirúrgico por longas oito horas, entrou as 8h22, como eu disse, e saiu as 16h30. A aparência do médico era de cansado, muito cansado. Levou uns 40 minutos para que ela fosse para UTI.

Quando chegamos no quarto, meus sentimentos foram inexplicáveis, um misto de alívio por vê-la viva e uma dor por vê-la daquele jeito. Imóvel, cheia de aparelhos, desacordada. Eu consegui tirar duas fotos, para mostrar para família, ainda bem que eu não tinha percebido o que estava por vir, porque depois que entendi a cruel realidade, não consegui tirar mais nenhuma foto.

Percebi que o Regis ao redor dela chorava muito, desconsoladamente. Aquele choro me incomodou, mas não consegui compreender o motivo, pensei que era a emoção de vê-la. Foi quando ele me disse: *Eu vi que você não percebeu, mas ela não está mexendo nada do lado direito. Não está sentindo, respondendo, movimentando nada!*"

Asas para voar

Lembra que eu disse que aprendi a voar? Estava ali uma situação que o chão mais uma vez me faltou. Tive uma leve perda de sentidos, não lembro com clareza do que senti, só sei que contestei, não acreditei. Mais uma vez, tive que usar as asas.

Nada do que pedimos aconteceu. Pedimos para que ela fosse curada sem o processo cirúrgico, ela não foi. Já que ia passar pela cirurgia, pedimos ao Senhor que a livrasse de toda sequela, não livrou. Tudo o que busquei como base, para tentar entender ou justificar para mim ou para a minha fé o que estava acontecendo, eu perdi.

Uma das médicas que acompanhou a cirurgia veio conversar conosco para explicar o que estava acontecendo. Em sua gentileza e palavras de total conforto ela disse: "eu entendo a dor de vocês!" Minha vontade era dizer: "A senhora por acaso tem uma filha de 3 aninhos que entrou na UTI andando, falando, brincando, correndo, uma criança perfeita e que após um procedimento cirúrgico de duração de 8 horas, que comprometeu 30% do lado esquerdo do seu cérebro. E que agora está desacordada na UTI sem mexer nada do lado direito e eu ainda sem saber se ela sequer vai falar ou ao menos reconhecer os pais?"

Meus pensamentos foram além: "A senhora está na situação de saber se sua filha está com a visão ou audição perfeita? A senhora está nessa situação? Graças a Deus que não!!!! Então a senhora definitivamente, não entende, não conhece, não sabe nada sobre essa dor ou esse sofrimento. Essa era dor do meu coração, um inconformismo, uma revolta, um egoísmo em pensar que minha dor era única! A hostilidade também sondava as minhas palavras.

Só havia um a quem eu poderia recorrer. Meu Jesus! Apenas Deus, poderia me compreender. Sem eu sequer proferir uma só palavra com Ele, porque de fato eu não estava conseguindo.

Recebemos vários médicos no quarto, profissionais de todas as áreas. As informações eram técnicas, frias, científicas bem precisas no campo da ciência. Tudo de bom poderia acontecer como nada de bom também poderia acontecer.

A noite escura

Anoiteceu e apenas um de nós poderia passar a noite na UTI. Estávamos completamente unidos por uma dor. Mas também fomos separados por ela. Eu não queria me separar do Regis naquele momento tão insuportável, difícil é uma palavra muito simples para o que estávamos vivendo.

Ele foi embora e eu fiquei. Eu nunca tinha entrado em um BOX de UTI na minha vida. Eu não entendia muita coisa de hospital, tudo era muito assombroso para mim. Quando a Hadassa acordou, ela me reconheceu, estendeu um dos bracinhos, queria colo, a única coisa que eu poderia oferecer para ela, mas não podia. Ela chorava muito de dor, tentou falar, não conseguiu, saiu algo enrolado como papai. Para mim soou perfeitamente como: "Cadê o papai?"

Ela não estava entubada, porque o estado de consciência deveria ser recobrado o mais rápido possível. A outra parte do processo? A dor. Muita dor, ela chorava de dor o tempo todo. E se agitava muito, querendo arrancar o dreno da cabecinha e também os elétrodos do seu peito. Ela não conseguiu dormir, e eu vi o dia amanhecer, o sol apontando bem devagarinho pela janelinha, passei a noite em pé, ao redor da cama acalmando-a quando se agitava nervosa, abraçando-a, para não se sentir sozinha e orando sem cessar. O Regis, passou parte da noite no estacionamento dentro do carro, totalmente desolado.

Nos outros Box tinham vários casos, inclusive de uma menininha de 6 aninhos que tinha feito cirurgia no cérebro também, ela estava bem, falando, sentando, comendo, conversando. O caso mais delicado, de alto risco naqueles dias de UTI era o nosso.

Lembra da garotinha que foi minha inspiração naqueles dias? A mãe dela estava em campanha pela Hadassa, quando me perguntou sobre a cirurgia e eu relatei o estado da Hadassa, ela ficou perturbada, nem soube o que me dizer para me consolar.

Recebi em meu celular muitas mensagens de consolo, de pessoas nos dizendo que daria tudo certo. Mas ninguém tinha noção da situação que estávamos vendo e vivendo.

> **E se não desse tudo certo? E se o certo para Deus, não se identificasse com o que é certo para nós?**

Entendi que ao invés de falar que vai dar tudo certo, sem saber o que é o certo, o melhor é dizer é: Deus está no controle de tudo.

Naqueles dias aconteceu um fato curioso, a Hadassa não falava comigo. Às vezes parecia nem perceber que eu estava ali, mas as poucas vezes que me ausentei para ir ao banheiro ela chorava. Ela sentia, ela percebia. Eu não podia sair de perto, teve até uma enfermeira que me disse: "Nossa, mãezinha, você nem sequer consegue ir ao banheiro que ela chora. Vai lá, que fico com ela pra você!"

Assim eu me via com Deus, não posso te ver, mas posso te sentir. Sei que estás aqui, não saia de perto de mim, senão eu desmorono.

2º dia de UTI

A rotina de hospital é muito intensa e eu desconhecia. São muitas informações, médicos a toda hora, medicações, exames e as enfermeiras. Pela manhã o Regis chegou, conversamos um pouquinho sobre como tinha sido a noite, nos abraçamos e choramos. Como éramos somente nós dois, a jornada de quase não se ver, estava apenas começando, eu saia e ele ficava até a hora do almoço. A ideia era que eu fosse para casa, descansasse, tomasse um banho para poder retornar. Mas para onde ir? Eu não tinha lugar algum que fizesse sentindo para eu ir.

Eu só queria a minha vida de volta, porque aquela não se parecia em nada com a vida que eu tinha. Eu sentia saudades da minha Kaká, minha primogênita, nos falávamos todos os dias, mas estava muito difícil não tê-la ali com a gente. Mesmo de longe ela estava muito abalada e sofrendo muito pela sua irmãzinha. A Kaká nos surpreendeu em maturidade em toda essa situação. Que saudades da minha Kakazinha!

A cruz é pessoal

Um dos duros aprendizados que eu tive foi que há momentos que você tem pessoas que te amam, mas não resolve. Tem amigos, mas não tem ajuda. Tem sorriso, mas não tem alegria. Tem dinheiro, mas não adianta nada. Ora, mas não tem respostas. Entendi que a cruz, só tem lugar para uma pessoa e essa era a nossa cruz.

No calvário Jesus exclamou: "Deus meu, Deus meu, por que me abandonaste?" Ele não chamou Deus de Pai. Tem horas que somos deixados por Deus, para que busquemos o Pai. Por último Ele exclamou: "Pai, em tuas mãos entrego o meu espírito!"

Eu ficava por ali mesmo, perambulando pelo hall do hospital. Grande movimento, cada um carregando uma dor, pessoas novas chegando todos os dias. Outras histórias, cada qual com sua dor, fé e esperança na bagagem, muita esperança.

No hospital infantil tem um enfermeiro, nem sei se ele é de verdade, um ícone nesse hospital, seu apelido Mazinho, tio Mazinho ele fica na brinquedoteca, amando e brincando com as crianças. Quando ele me via sempre perguntava pela Hadassa. E em um dia eu estava tão transtornada que ele apenas me olhava de longe, depois ele me disse que naquela mesma noite, chegando em sua casa ele foi orar por nós!

3º dia de UTI

A noite do segundo para o terceiro dia foi assombrosa. A Hadassa sentia muita dor, as lágrimas escorriam pelos seus olhinhos fechados de tanta dor. A enfermeira se apavorou com berros dela de dor e me disse aflita: *"Mãezinha, eu já dei a dose máxima de morfina e no mínimo de espaço de tempo. Desculpa, não podemos fazer mais nada"* e saiu dali rapidamente.

Eu fico imaginando se uma enxaqueca ou dor de cabeça é algo insuportável, imagina a dor após um procedimento cirúrgico desse. Eu clamei ao Senhor que aplicasse morfina no meu coração porque a minha dor de vê-la assim era incurável, vê-la sofrer daquela maneira era insuportável para mim.

Eu nunca pensei que fosse sentir o que vou contar aqui, um desejo desesperador de morrer. Eu desejei a minha morte naquele dia. Havia um misto de culpa por causa desse sentimento e uma dor insuportável em mim. Sabia também que era um desejo egoísta, pois a situação ia precisar de mim, mais do que nunca. Ainda bem que temos um Pai, que nos compreende em nossas fraquezas e não nos julga e sim nos ama! Mas naquele dia eu passei literalmente pelo vale da sombra da morte.

Nesse mesmo dia, eu estava vindo do banho, era noite, o hospital estava silencioso, mas eu escutei de longe lindas vozes que vinham do auditório, segui as vozes e vi um lindo coral de funcionários do hospital, médicos e enfermeiros que cantavam lindamente Aleluia ...eu entrei, sentei no fundo e me esvaí em lágrimas.

Uma mocinha linda veio me perguntar se estava tudo bem, depois vim conhecer essa mocinha, era uma das psicólogas da equipe. Sim tinha anjos naquele lugar, e eles cantaram pra mim, para acalmar e ministrar em meu aflito coração.

Uma revelação

Em uma das sessões com a psicóloga, pois nada estava fácil pra mim, se a Hadassa não comia eu ficava sem comer nada também e quando comia não parava em meu estômago. Ela me disse que eu tinha que ver essa nova fase como um recomeço, encarar a Hadassa como um bebê, perceber que eu iria sair dali com um bebê dependendo de mim para tudo agora.

Eu havia tido um sonho em que recebia a Hadassa em meus braços como um bebezinho, era o que esperava agora, assim como um bebê aprende a falar, andar, comer sozinho assim seria com a Hadassa, ela reaprenderia tudo novamente. Me apaguei àquela revelação e interpretação daquele sonho que Deus usou aquela jovem psicóloga para me dar sem ao menos saber. Eu teria um bebê em meus braços novamente. Deus usa quem Ele quer, e fala conosco através de quem Ele quer.

As mensagens e ligações não paravam e eu me surpreendia com a manifestação de pessoas que eu nem esperava e também com a ausência das que eu mais esperava.

> **As circunstâncias revelam as pessoas e o coração delas também.**

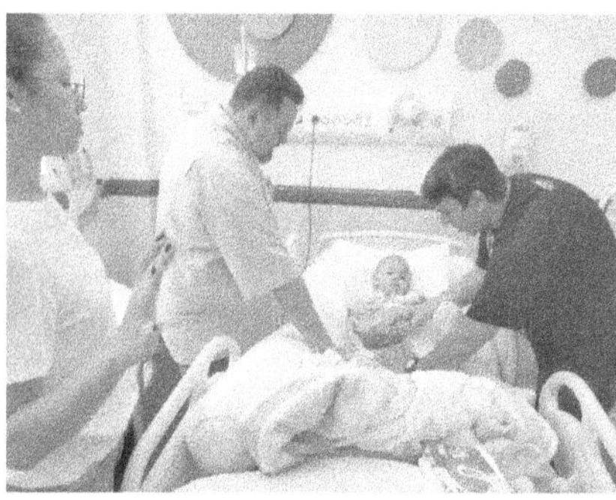

Orando pela recuperação completa da nossa pequena

Momentos após a cirurgia

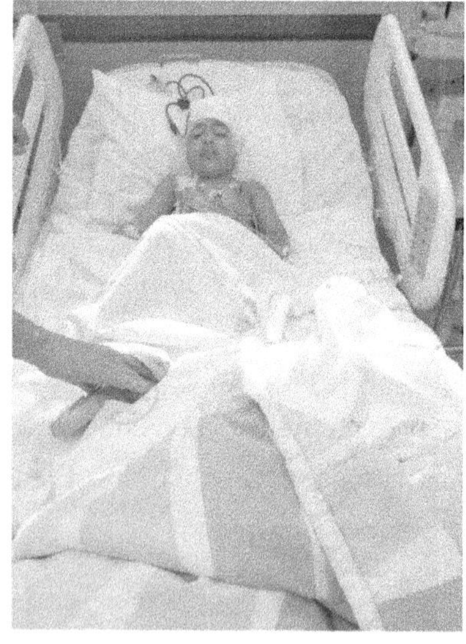

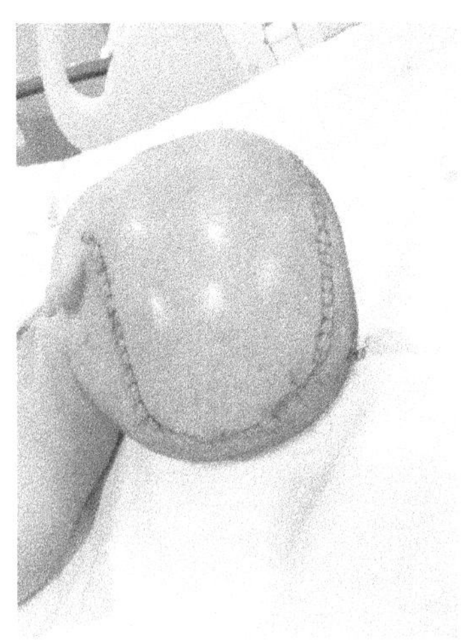

A cicatriz demonstrando a grandiosidade da cirurgia

Sem poder mover o lado direito

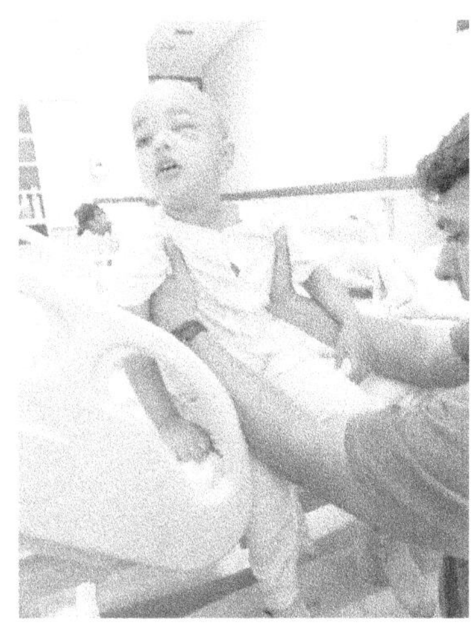

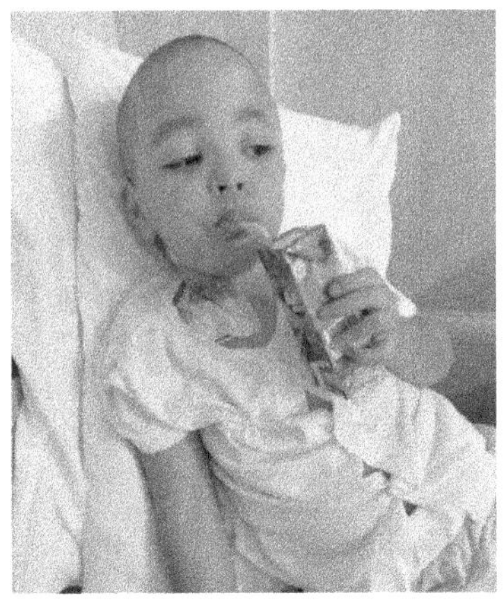

Tomando seu primeiro suquinho após o procedimento

Descanso

"Eu posso até estar ferido, mas nunca destruído. Eu posso ser provado, para ser aprovado. Mas o amanhã virá e minha fé será recompensada."

(Deus Proverá/ Canção de: Gabriela Gomes)

Fevereiro 2019

Uma das palavras que mais ouvimos do Pastor Erick foi **descansa!** E diante dessa situação parece cruel falar de descanso, mas foi exatamente isso que aprendemos. Nos demos conta que o descanso em Deus não é uma circunstância, mas um lugar em Deus que nós encontramos.

As circunstâncias são contrárias e totalmente adversas, mas o nosso coração em Deus encontrou descanso! Uma nova criatura, tem a ver com a pessoa que me tornei, pois juntamente com a Hadassa eu nasci de novo. Minha vida agora tem um marco em antes da cirurgia e depois da cirurgia. Não há como passar por esse processo e ser a mesma pessoa.

Finalmente, estávamos de alta da UTI, aleluia! Dividimos o quarto com uma coleguinha, de 3 aninhos e sua mãe minha xará. A coleguinha, outra guerreirinha, lutava contra o câncer em 3 lugares. São tantas histórias que se cruzam e que se unem pelo mesmo sentimento: a dor!

Ali estávamos nós, em um ambiente confortável, muito bem assistidos, mas um ambiente totalmente indesejado. Ainda na UTI a Hadassa tinha mexido levemente o dedão do pezinho e a fisioterapeuta nos disse que era reflexo involuntário, em outras palavras ela me disse que isso não significava nada e que eu não tinha motivo para tanta alegria.

Eu disse que fisiologicamente ela estava coberta de razão, mas espiritualmente para mim isso era milagre! Compartilhamos com todos, com enorme alegria que ela havia mexido o dedão do pé, nossa esperança e fé eram de que ela saísse dali andando e falando, mas o quadro estava bem distante disso!

"Mas o amanhã virá e minha fé será recompensada e o meu Deus não falha."

(Deus Proverá/ Canção de: Gabriela Gomes)

Um episódio que me fez estremecer, eu estava ali apenas para velar o sono dela, ela estava muito inquieta sem conseguir dormir e então fui orar. Me ajoelhava aos pés da cama, quando terminei a vi dormindo tranquilamente, mas para a minha intranquilidade ela tinha tirado, arrancado o dreno da sua cabecinha.

Meu Deus, que desespero! Imaginar que ela poderia voltar para o centro cirúrgico novamente por causa disso e eu me sentindo totalmente culpada. O desespero tomou conta e as enfermeiras me indagando como eu poderia ter deixado isso acontecer e eu só chorava.

Mas após a visita do médico, ele nos disse que a Hadassa apenas antecipou o processo, pois ele já ia fazer a retirada e que isso de um todo não era ruim, sinal de que ela estava identificando muito bem o que a incomodava! Nossa, que grande alívio.

Somando o tempo de UTI com o de internação, ela passou 4 dias sem comer e para minha tristeza eu a via emagrecendo muito rápido, 5 dias sem falar nada ou sequer manifestar algum sentimento com a nossa presença. Eram médicos toda hora, exames e análises.

Quando pensávamos que estava tudo bem, era exame de vista, para constatar que não houve alteração na visão. Em seguida teste de audição, uma médica chegou a me perguntar se ela estava babando muito, respondi que não, mas ela me olhou como quem duvidava um pouco de mim. Os desafios eram inúmeros a toda hora.

Uma vez, um amigo nos disse em tom brincadeira, mas com fundo de verdade acerca de uma situação que estávamos vivendo: **"Quando se está no fundo do poço é hora de se animar. Porque não tem mais pra onde descer, provavelmente começará a hora de subir".** Eu já ouvi dizer também, que no fundo do poço tem uma balança com uma mola que te joga pra cima quando você chega lá... confesso que estava aguardando por isso!

As dores estavam amenas, mas havia uma febre que nos perturbava. Todos os dias essa febre, exames e mais exames eram feitos, nada constava e a febre também não baixava. Pela extensão e delicadeza da cirurgia que foi feita, você deve estar pensando assim como eu que essa febre não era um bom sinal. Cada vez que a temperatura subia me dava arrepios e frio na espinha.

Clamor na madrugada

Compartilhamos com nossos líderes e intercessores a condição pós cirúrgica da Hadassa e assim houve a primeira madrugada de clamor, com toda igreja de Caldas Novas, que estava em relógio de oração e também com discípulos, bispos, pastores, líderes, amigos, parentes, grupos de oração, de muitas cidades, juntamente com a fiel igreja do Maranhão.

Assim, as 3hs da madrugada lá estava eu ungindo a Hadassa, coloquei o telefone em seu ouvido enquanto o Bispo orava por ela. Clamávamos todos no mesmo horário pela restauração completa da saúde dela.

Por causa do clamor que adentrou a madrugada, sem sono como era de costume, comecei a falar com uma irmã, que eu nunca tinha visto. Através deu um grupo de oração de whatsapp, ela viu a foto da Hadassa e disse que com seu filho foi do mesmo jeito e declarou que assim como seu filho não tinha hoje nenhuma sequela, minha filha também não teria.

Aquelas palavras me inundaram de alegria e fé. Foi a primeira vez que tinha visto alguém que conhecia a minha dor, que passou por situação como a minha. Eu precisava falar com alguém assim, uma pessoa que eu validaria pois tinha autoridade no assunto, pois com todos quem eu falava diziam: "Minha filha saiu falando da cirurgia." "Meu filho fez a cirurgia e saiu mexendo, andando normalzinho." Ou pior: "Nossa como foi grande a cirurgia dela, tadinha."

Mas essa irmã entendia a minha dor. Apesar do caso do seu filho ter sido diferente, um AVC, ele ficou com hemiplegia do mesmo lado direito e também ficou sem falar. Saber que ele esteve naquela situação e que hoje é um jovem adulto sem sequela nenhuma, estudante de direito, enchia meus olhos de lágrimas e meu coração de esperança e fé.

A voz suave daquela mulher de Deus e a autoridade em suas palavras. Meu Deus, um anjo que apareceu na minha vida. Como se explica isso? Pessoas que você conhece a tão pouco tempo, que passam a fazer parte da sua vida, como se sempre tivessem existido ali. Conversamos por horas, de uma estranha a alguém que me anelei de coração e alma!

Ela me dizia, quando você for orar com ela diga: *"Filha, eu sei que as palavrinhas estão dentro de você. Pode dizer filha, você vai conseguir!"* Era assim que ela fazia com o seu filho e eu também fazia com a Hadassa!

O poder do sorriso

Para a nossa maior alegria, no dia seguinte a esse clamor na madrugada, a Hadassa deu seu primeiro sorrisinho, ainda meio tímido, mas foi assim que o Regis trocou comigo, ela acordou, olhou para ele e sorriu. Impossível escrever e não chorar! Aquele sorrisinho me dizia que tudo ia ficar bem. Que as dores estavam aliviando e que a tempestade ia passar. Um acalento em meio às tempestades. Parece que foi a primeira vez que estava vendo a Hadassa Vitória sorrir. E depois de tanto choro, de tanta dor, foi à primeira vez que EU sorri de verdade.

> *"O choro pode durar uma noite, mas a alegria vem pela manhã."*
>
> **Salmos 30:5**

Você que está lendo esse livro, sei que você já viveu situações que pareceram estar além das suas forças. Mas o amanhã virá, e sua fé será recompensada, o nosso Deus não falha!

"Ter fé, não nos impede de passar por problemas e decepções. Ela nos ajuda a superá-los."

Desde aquela manhã, agora tínhamos sorrisinhos todos os dias! O Bálsamo estava sendo derramado. Tínhamos dores ainda? Sim. Ainda tinha febre? Sim. A troca do curativo do cateter, por exemplo, continuava sendo dolorosa e pavorosa para nós principalmente se ela vomitasse logo em seguida e o procedimento tivesse que ser repetido, com dores. Sim! Tinha outros riscos gravíssimos ainda? Sim. O resultado da biopsia, por exemplo, ainda era uma incógnita, uma aflição? Sim. Mas, tínhamos sorrisinhos, sorrisos e até as gargalhadas foram surgindo. E tínhamos Deus todos os dias.

Em meio às dores, aprendemos a valorizar o sorriso!

> **Em meio às perdas, aprendemos a valorizar o que temos e não o que perdemos.**

Tínhamos sorrisos agora todos os dias! Uma alegria que não é compreensível vem do céu, vem do alto. A alegria do Senhor que é a nossa força! Naquele sorriso nós simplesmente identificamos o descanso, aprendemos a descansar. Por isso, se você estiver cansado, não desista! Apenas descanse e continue.

O sorriso da Hadassa nunca mais foi o mesmo pra mim. Não é algo comum mais vê-la sorrir. Seu sorriso é Cristo em mim, é sentir Deus mais perto. Somente quem ficou 5 dias sem ver um sorrisinho de um filho, sabe o quão importante é.

> **Deus tem as maravilhosas maneiras de fazer o simples se tornar extraordinário!**

Por isso eu digo a você que não permita que o especial se torne comum. Jamais permita que o sagrado se torne profano, ame e valorize as pequenas coisas!

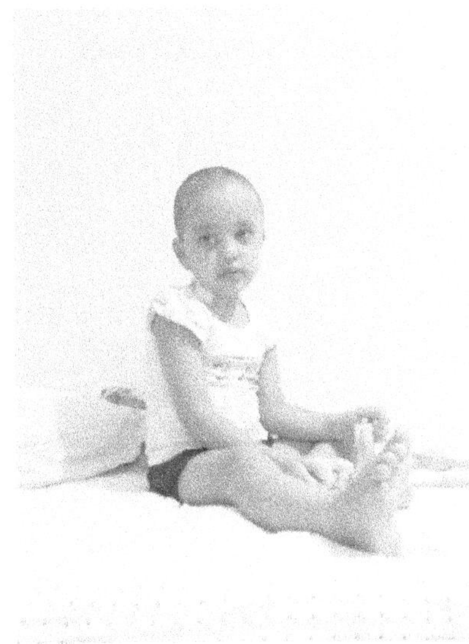

Aos poucos a recuperação acontecendo

Depois de cinco longos dias o tão aguardado sorriso

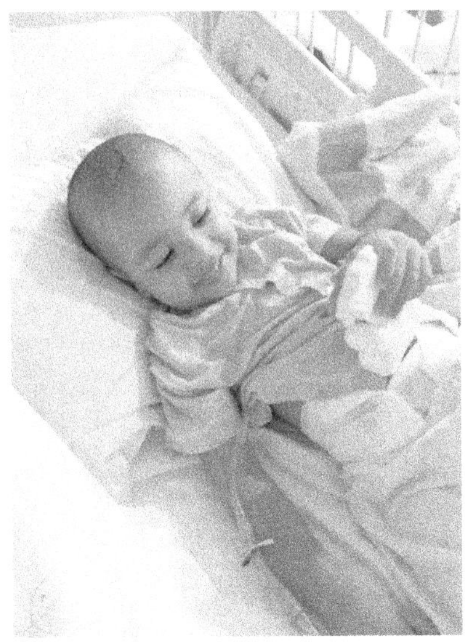

Papai ficou careca

Do luto para a luta

Fevereiro 2019

Luto é definitivamente uma palavra assustadora, mas graças a Deus não houve morte física nessa situação. Mas sim espiritual, uma velha criatura foi sepultada para nascer uma nova criatura. Nossa família tem um marco, antes e depois da cirurgia da Hadassa. Nossa família nunca mais foi a mesma.

Desde o diagnóstico do tumor até o dia da cirurgia, vivemos enlutados em vários aspectos. Mas o luto passou e agora estávamos na luta. Lutando até conosco mesmos, com os nossos conflitos e com o nosso interior.

A alta hospitalar se aproximava, mas a febre persistia, assim como persistiam as incertezas do amanhã. Como seria a Hadassa sem andar, sem falar de maneira compreensível, com perda total da sua autonomia?

> **A dor não desaparece, ela
> se acomoda e cabe a você
> decidir qual o lugar que ela vai
> ocupar na sua vida!**

*"Como será o amanhã que eu não
vejo e quer me assustar?"*

(Esperança /Canção de: Diante do Trono)

Tínhamos cada amanhecer como uma nova oportunidade, novas expectativas, novos sonhos. Deus me fez viver e entender o que a Palavra nos diz acerca de "choro pode durar uma noite, mas a alegria vem ao amanhecer", conforme está em Salmos. Entendi que não se trata de um tempo cronológico onde todo choro acaba de manhã, mas que o choro tem hora para começar e para terminar.

Então, em uma bela manhã, estávamos com a visita da oncopediatra, quando o Dr. Carlos entrou no quarto sorridente, com alguns exames em mãos. Um deles era a ressonância e o tumor havia sido ressecado totalmente. Aleluia! Sem nenhum realce nodular, sem necessidade de quaisquer outros procedimentos cirúrgicos.

E o outro exame era a biopsia e o seu resultado negativo, não se tratava de um tumor maligno, não era câncer. Estávamos com a CURA TOTAL sem quimioterapia, sem radioterapia. Nos emocionamos, mas não apenas nós, os médicos com lágrimas nos olhos, a equipe emocionada. Nos abraçamos e glorificamos o nome do Senhor ali naquele lugar.

Agora só nos faltava a alta. A febre ainda persistia, mas os médicos agora diziam que era febre induzida, por causa de todo processo. A cada amanhecer estávamos mais aliviados, recebemos visitas que nos alegraram e encheram nosso coração de paz.

Visitas esperadas

Minha sogra e meu cunhado foram nos ver, que alegria, que reencontro maravilhoso, Hadassinha deu muitas gargalhas e mostrava o "pé chulé" com as meias neons que o papai tinha comprado para ela. Tio Thiaguinho e vovó Lúcia saíram de Goiânia para Barretos e ficaram muito felizes em revê-la.

Também recebemos a vovó Débora, minha mãe, foi muito bom estar com essa vovózinha ali no hospital. A titia Nina que é minha irmã, meu cunhado e os pastores dela também saíram de Uberaba-MG para nos ver. Visitas muito especiais com amor e oração.

E depois chegou a nossa Kakazinha, como íamos receber alta, apresentamos um atestado na escola, para justificar as faltas da Kaiandra e ela ficou conosco. Tivemos a alegria de ver e abraçar alguns discípulos que foram deixá-la.

Todos já haviam recebido fotos da Hadassa, mas ao vê-la pessoalmente foi impossível conter as lágrimas! Receber a visita desses discípulos nos conectava ao nosso rebanho, a nossa missão. Nesse momento agora que passava de tão doloroso para menos doloroso um pouco. Nos dias seguintes até piscina a Hadassinha pediu, ela queria ir para casa a todo custo.

Cadeira de rodas não!

Então, após 7 dias no hospital, recebemos a tão sonhada alta! Glória a Deus! Na saída do hospital, para cumprir com o protocolo devido ao seu estado atual, a médica chegou no quarto com uma cadeira de rodas, para o uso da Hadassa. Olhar aquela cadeira, foi uma revolta, algo em mim não queria aquele aparelho, era como se eu tivesse aceitando e me conformando com aquela situação.

Mas para o meu espanto a Hadassa não quis sentar na cadeira. Insistíamos, conversávamos, a médica interferiu, mas ela chorava tanto que parecia estar apanhando. Ela gritava de maneira revoltada, como que dissesse ESSE NÃO SERÁ MEU LUGAR! Tomei a decisão e disse: Não vou colocar minha filha aí ela não quer, ela está muito triste.

A médica me disse que se tratava de uma criança apenas, que eu não poderia ceder por causa de uma birra e no mais, ela iria precisar por um tempo dessa cadeira. Algo em mim dizia não e eu sabia que as atitudes dela, não eram apenas uma birra de criança. Eu sei bem distinguir os choros das minhas filhas.

Rejeitamos a cadeira de rodas. Assinamos um termo de recusa e de responsabilidade por isso. Hadassa Vitória saiu do hospital nos nossos braços. E no dia seguinte, ela firmou a perninha ficando de pé, ainda com o nosso apoio. Cada olhar dela me dizia: "eu vou andar!"

Me recordo que uma pessoa muito próxima a nós se indignou e reprovou nossa atitude. Disse que a fé estava nos cegando e que fomos irresponsáveis para com a Hadassa, que nós poderíamos prejudicar a postura dela e retardar a sua recuperação. Eu respondi com muita convicção que a fé não me cegava, pelo contrário, me dava a visão de ver além, ver o que os olhos naturais não viam, de ver que o impossível não existe.

Disse àquela pessoa que a fé tinha me dado a capacidade de trazer à existência as coisas que não existem como se já houvessem existido! Minha fé não era irresponsável, minha fé me dava a visão, a Hadassa já estava curada, então nós a víamos correndo, pulando, cantando, dançando, brincando. Uma obra completa e declarávamos: "O Milagre será completo!"

> *"Tendo por certo isto mesmo, que aquele que em vós começou a boa obra a aperfeiçoará até ao dia de Jesus Cristo".*
>
> **Filipenses 1:6**

A dor

De alta em casa, na nossa casa de Barretos, com a nossa amada família Suleiman com os Pastores Erick e Débora. A Kaká estava conosco e nossa família agora estava completa. A rotina estava tensa, a monitoração da febre, essa febre tinha 3 dias para desaparecer, caso contrário teríamos que voltar para o hospital. Os dias se seguiam com medicações, banhos especiais, alimentação super restrita indicada pela nutricionista.

Eram inúmeras as preocupações, mais a alegria também. Com a irmãzinha Kaká e em casa, tínhamos sorrisos e gargalhas toda hora. Na primeira noite, a Hadassa acordou gritando na madrugada, gritando muito alto, de dor e como se estivesse assustada em um pesadelo, eu fiquei muito aflita e com muito medo.

A medicação em casa era tramadol, uma amiga me disse, que em histórias de milagres sempre tem esse tramadol (medicação indicada para o alívio de dores muito intensas e graves) e nós somos os protagonistas de uma história de milagre! O milagre chamado Hadassa.

Eu aprendi muitas coisas sobre a dor, como já citei em capítulos anteriores e a principal delas é que

> **para cada dor que você esteja sentindo hoje, quer seja física ou na alma. Há um remédio. Há um Bálsamo, o bálsamo que vem do trono da graça. Que cura toda dor!**

Estávamos no processo sendo fortalecidos e curados no caminho, não podíamos parar, assim como você que está lendo esse livro também não pode. Não desista, pois Ele está operando em você e através de você.

O valor das pequenas coisas

Outra, das muitas coisas que aprendemos com o diagnóstico e com as situações todas que o envolveram é o valor das pequenas coisas, a riqueza que reside naquilo que não valorizamos, não desfrutamos. Ver a Hadassa sorrir, depois de dias sem ver o sorriso dela, era fabuloso, inexplicável, melhor sentimento do mundo, sempre parecia a primeira vez.

Por isso, se você pode sorrir, sorria! Se tem pessoas ao seu lado que podem sorrir, sorria com elas! Viva um dia de cada vez, apesar da dor e das feridas. Há vida, você está vivo, então sempre há esperança. Essa dor não veio para matá-lo, nem vai, ao contrário, ela vai moldá-lo, conduzí-lo a um lugar onde todas as coisas farão sentindo, onde todas as perguntas terão respostas. Por agora,

Meu novo nascimento

A alta foi às vésperas do meu aniversário. Nessa data tão especial, eu estava longe da igreja e dos familiares, depois descobri que os discípulos queriam nos fazer uma surpresa indo até lá, um gesto muito lindo. Eu estava tão feliz! O milagre da vida era o meu presente. Hadassa Vitória era o meu presente, eu não precisava de mais nada.

Ainda assim, meu esposo propôs uma voltinha no shopping em família. Aquela parecia a primeira vez que saíamos de casa. Chamo isso de o valor das pequenas coisas. Um passeio tão comum, tinha se tornado em algo muito especial. Mesmo sem andar, estando em um carrinho de bebê, mesmo se cansando facilmente e com inúmeros cuidados especiais ali estávamos nós, felizes em família.

Estávamos literalmente voltando a viver foi assim que me senti, meu esposo até insistiu para que eu fosse no salão, fazer unhas e cabelo e assim eu fiz, me fez muito bem. Estranho foi ver o preconceito no olhar das pessoas. Como ela ainda estava fragilizada, carequinha, nem havíamos tirado os pontos, as pessoas olhavam como se tivesse alguém com doença contagiosa por perto.

Estávamos felizes e não importava nenhuma condenação que pudéssemos receber ou qualquer olhar estranho de que fossemos objeto, tudo o que o Senhor fez e estava fazendo por nós era imensamente maior. No entanto, os desafios estavam apenas começando, a nova e grande jornada de reabilitação nos aguardava.

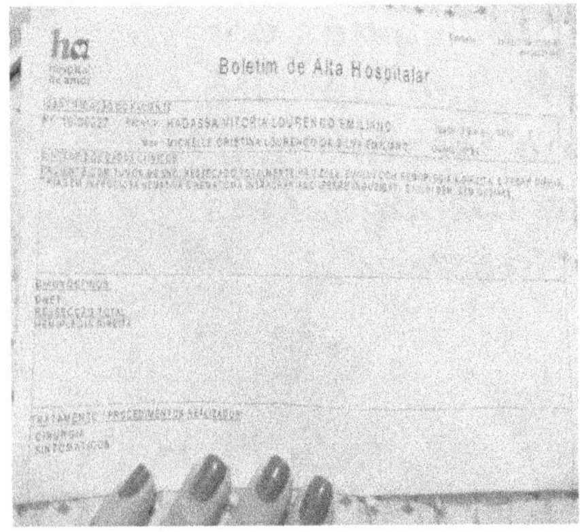

A tão sonhada alta hospitalar

Biópsia indicando que o tumor não era maligno

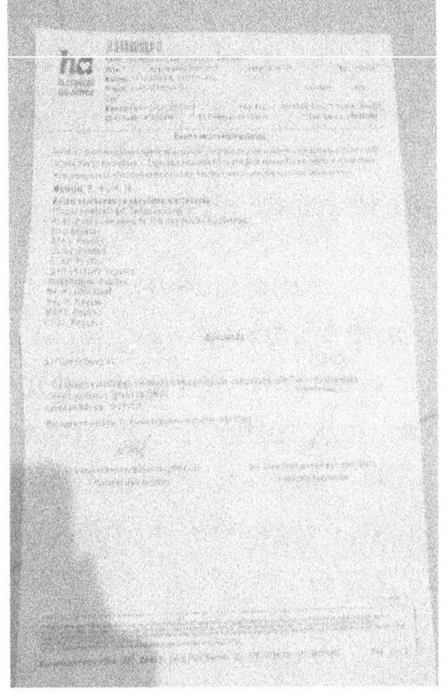

Voltando a Viver- Nosso primeiro passeio após a cirurgia

Meu lar

Fevereiro/ março 2019

Voltar para casa, era um forte desejo, mas ao mesmo tempo eu sentia medo de voltar. Havia uma sensação de insegurança, parecia sair de um lugar de segurança e ficar desprotegida. E se ela passasse mal? Barretos estava muito longe da nossa casa. As responsabilidades de liderança também me assustavam pois eu não teria o mesmo ritmo de antes. Ela também não estava andando, pensei que seria uma grande frustação dentro das expectativas que a igreja tinha.

Para a nossa alegria e surpresa, a viagem de volta pra casa foi tranquila, a casa estava arrumada, decorada, a dispensa estava farta, bilhetinhos pela casa. O amor e cuidado de Deus manifestado através de pessoas. Foi aconchegante e um alívio. A Hadassa reconheceu o seu lar e se sentiu muito bem.

Nossa primeira noite em casa foi uma sensação de liberdade, livres das prisões das convulsões, do medo de perdê-la. Livre dos medos e dos temores, livres das dores. Aleluia Deus é sempre bom!

Na manhã seguinte, Hadassa estava no sofá, me gritou e disse "feve" um filme de terror passou em minha mente. Ela me abraçou forte, mas graças a Deus, foi somente um presságio de convulsão. Não teve nenhuma convulsão. Eu precisava continuar sendo forte, vencemos uma batalha mas não a guerra, pois essa ainda continua.

Precisei ressignificar minha mente, meus sentimentos, meus sonhos e meus planos. Na verdade, sonhos e planos agora giravam em favor da recuperação dela. Uma vida dedicada a isso, pelo tempo que for preciso. Minha irmã Aline me disse, que quando ela passar a entender vai se orgulhar muito da dedicação que os pais tiveram com a recuperação dela.

Chegamos em casa em uma quarta-feira e no domingo estávamos na igreja. Sim, todos nós inclusive a Hadassa, meu esposo ministrando louvor, dando seu melhor a Deus, mesmo que em seu interior ele pensasse que não fosse capaz. Pois estávamos fisicamente e emocionalmente cansados, mas o altar é o nosso renovo. Nesse dia eu dei o testemunho, a igreja estava alegre, todos amorosos, pois estávamos de volta. O culto foi sobrenatural.

"É aqui que eu me sinto muito bem,
não há outro lugar melhor."

(Uma coisa / Canção de: Morada)

Na semana seguinte fomos procurar alguns profissionais na cidade, para atendê-la do particular ao público, pois precisávamos de uma equipe multifuncional, Fisioterapeuta, Terapeuta Ocupacional, Fonoaudióloga e Psicóloga. Muitas tentativas e alguns resultados. Mas conseguimos atendimento no CRER, Centro Especialista em Reabilitação em Goiânia, que fica distante 170 km da nossa cidade e todas as nossas segundas-feiras, seriam viajando bem cedinho para o tratamento na capital.

Na semana seguinte, comemoramos o meu aniversário, uma linda festa surpresa, promovida por todos, o tema era mulher MARAVILHA. Nossa família estava vestida de super heróis. O aniversário era meu, mas o presente era ela. Não tenho palavras para expressar a gratidão a cada ovelha e discípulos especiais da Sara Nossa Terra de Caldas Novas, vocês foram as pessoas que o

Senhor escolheu para viver esse momento com a gente, para nos amar, cuidar e se importar, e tornar as nossas cargas mais leves. Gratidão, amamos cada um de vocês!

Para cada exame, medicação, consultas, alimentação ou quaisquer outras necessidades o Senhor enviava a sua provisão.

Depender de Deus é não ter mais nenhum recurso a que confiar, apenas no Senhor. Ele é o Teu Deus e supri todas as suas necessidades.

Mantínhamos uma lista de transmissão, para dar informações das evoluções, vitórias e conquistas da Hadassa. Para todos aqueles que estavam conosco nessa guerra, nós sempre profetizávamos:

> *"Tendo por certo isto mesmo, que aquele que em vós começou a boa obra a aperfeiçoará até ao dia de Jesus Cristo".*
>
> **Filipenses 1:6**

O milagre será completo

No nosso culto de chegada, o domingo que preguei e testemunhei, o vídeo foi para o facebook. Uma pessoa muito íntima, muito próxima me disse: "Como você tem coragem de dizer que o milagre será completo? É muita ousadia, tira esse vídeo do Face que você vai passar vergonha. O fato de ela estar viva já é o suficiente. Eu já acompanhei vários casos assim, tudo é muito recente pra você afirmar que é um milagre. Vocês não entendem essa cirurgia foi muito agressiva! Ela não vai andar e nem falar como antes, ela estar viva é o suficiente. Vocês não acham que aí já é pedir demais pra Deus?"

Essas palavras me assustaram muito, não me deixou com raiva de quem disse. Mas assustada de pensar que ter fé, incomoda muito quem não tem fé! Entendíamos tudo sim, sobre a gravidade e agressividade da cirurgia, mas também entendíamos que o nosso Deus é Deus do impossível e que a Hadassa é uma promessa feita por Ele. E que Ele não é Deus de agir pelas metades.

Tudo que vivemos é para honra e Glória do nosso Deus! Não importa o que as pessoas dizem, importa o que Deus diz! A sentença dos homens não deve ser validada e sim a do Senhor, a última palavra vem Dele.

Testificando a vitória

Assim, fomos para uma avaliação global no CRER e todos os profissionais ficaram assombrados de vê-la em menos de 30 dias daquela forma. Inclusive a fala, tão perfeita que foi a nossa primeira alta. Aleluia! A fonoaudióloga deu alta, pois Deus já havia restaurado sua dicção, não havia mais *Disartria, estávamos no caminho do milagre por completo.

Em março, voltamos a Barretos, para novos exames e avaliação de todos os profissionais. Se eles concluíssem que ela estava se desenvolvendo abaixo da média do esperado, teríamos que fazer o tratamento em Barretos. Voltar naquele lugar após um mês foi emocionante. Um misto de vitória, dor, temor, a sensação de quem passou pelo vale da sombra da morte e foi livrado no Vale.

A alegria e amor da equipe em revê-la e chamá-la de milagre! Todos ficaram impressionados, admirados, fomos liberados para continuar o tratamento em nossa cidade. Revimos nossa família de Barretos e em quatro dias estávamos de volta para casa. Recebemos alta por 6 meses. Nosso retorno a Barretos seria somente em setembro.

A nova rotina

De volta ao lar, dando sequência a nossa rotina, vida ministerial, trabalho empresarial e as rotinas de reabilitação da Hadassa. A primeira fisioterapeuta, das muitas que depois viemos a conhecer foi excepcional, uma pessoa que o Senhor colocou em nossas vidas, pois em Caldas Novas o tratamento particular era com ela, suas sessões pegaram o pós cirúrgico e de uma maneira muito especial ela marcou as nossas vidas! Toda semana viajámos, era uma rotina pesada, mas não abríamos mão, nos sacrificávamos! Recebíamos dos profissionais elogios pela responsabilidade e disciplina para com o tratamento dela.

Na igreja, situações de pregação ou qualquer outra reunião que coubesse e fosse necessário o testemunho ser dado, assim fazíamos, mas dos mesmos que clamaram que amavam, alguns diziam que não aguentava mais ouvir sobre Hadassa. Estranho é como se desse comichão nos ouvidos. Entristeci? Muito! Mas não paramos de fazer o que Deus nos pedia para fazer e falar.

A nossa fidelidade ao Senhor, ao nosso chamado e propósito eram tamanhas, que logo depois que chegamos, uma irmã veio me pedir perdão, porque ela chegou a duvidar que a Hadassa realmente tinha alguma doença, ela nos via sempre no mesmo ritmo, ela não tinha visto a Hadassa passar mal. Ela duvidou... Isso me assustou muito. Eu bem que desejaria que tudo isso não passasse de uma invenção.

Entendi que todo milagre é perseguido, rejeitado, caluniado e muitas vezes pelos da própria casa. Pois não teria o profeta, honra em sua própria casa! Eu precisava estar forte emocionalmente para tudo que estivesse por vir. Começamos a receber convites para pregações e ministrações em outros ministérios e assim fomos. Em cada pregação um mover e uma graça do Senhor muito forte.

Andando, correndo, nadando, subindo e descendo escada, levantando e sentando sozinha, essas eram as suas evoluções, porque tivemos que viver um recomeço, faltava pouco para o que ela mais desejava e pedia todos os dias, ir para a escolinha.

Iniciando a rotina de reabilitação

O melhor era vê-la sorrir de novo

Comemorando meu aniversário em grande estilo

Os desafios

(Minhas Guerras /Canção de: Gabriel Guedes)

Agosto/ setembro 2019

Vivemos em uma constante guerra, uma guerra incessante entre carne e espírito. Não lutamos contra pessoas, mas sim contra principados e potestades. As batalhas mais intensas são as da nossa mente, as do nosso interior.

Me lembro que algumas vezes tive mini Flashbacks das dores e do medo, dos dias de hospital, dos dias de angústias que vinham em minha mente. Comparo isso com as lembranças dolorosas revividas por soldados de guerra, sobreviventes, que quando estão de volta em casa, parecem sonhar ou reviver momentos de guerra.

Não foram poucas as vezes que ao ver a Hadassa no colo de alguém chorando por questões de criança e situações pertinentes a infância, eu me apavorava porque aquela imagem me remetia a lembrança de uma convulsão! Eu tive outros picos de ansiedade, mas foram vencidos no Senhor, na força do seu poder.

Estamos em guerra

Importa pensar que se estamos em guerra não podemos esquecer que haverá soldados mortos e feridos, ganhos e perdas, afinal a paz não é ausência de guerra, mas a confiança no general que é Cristo, o Senhor da Guerra.

> **" A vitória na guerra não te isenta das dores da batalha."**

Voltar para a escolinha foi uma vitória, um sonho realizado. Ela foi muito bem recebida, bem acolhida pela professora, os coleguinhas e a comunidade escolar. Um ânimo novo foi dado a ela, a valorização da vida, das oportunidades perdidas, a fazia aproveitar cada momento das aulas, transmitindo uma força e vontade de viver sobre-humanas para todos que com ela conviveram.

Hadassa se readaptou facilmente, mas o tempo para ela teria que ser diferente, desde o andar mais devagar, ao realizar as atividades com a mão esquerda, pois ela ficou canhota e a coordenação motora fina da mãozinha direita ainda está em desenvolvimento.

Cada dia um novo passo, tem dias que ela reclama de dores dos exercícios puxados e intensos e eu sofro junto com ela. Outros dias ela está super disposta a fazer tudo, outros chora não querendo fazer nada! Tem dias que ela reclama por ter o cabelinho curtinho, diz que está parecendo menino, e eu sempre reafirmo: *"Você nunca se parecerá com um menino, porque você é e uma linda princesa!"*

Ela já chegou a observar que os coleguinhas não tem uma mãozinha amiga e perguntar o porquê que eles não tem (mãozinha amiga é o nome que a T.O deu para a mãozinha direita que tem que ser lembrada de brincar e manusear as coisas também assim como a esquerda, para ela não ficar triste, pois a tendência é o cérebro negligenciar).

Um dia ela me questionou quem havia cortado seu cabelo, ao que respondi haver sido a doutora brinquedos (nome que ela deu aos médicos de Barretos). Não se dando por satisfeita, ela insistiu: "Porque ela cortou?" Eu disse que havia sido para tirar o dodói que estava na sua cabeça. Sem se dar por vencida me perguntou indignada: "Quem colocou o dodói na minha cabeça?"

Eu emudeci e pensei... se eu falar que foi Deus, que Deus é esse que permitiria um dodói desse em sua cabecinha? Se eu dissesse que havia sido o diabo, que tanto poder teria o diabo para colocar esse dodói aí? Então eu fugi da resposta e disse o papai que sabe!

Quando o Regis chegou em casa, mal abriu a porta ela foi correndo perguntar toda eufórica: "Pai, pai, paiê, a mamãe disse que tinha um dodói na minha cabeça, quem colocou?" O Regis meio apavorado e sorrindo disse que não sabia também quem o tinha colocado ali, mas sabia quem tinha tirado, e foi Jesus, e ela agora estava curada! Ele a pegou no colo e a abraçou, e parece que ela se conformou com a resposta, pois nunca mais tocou no assunto.

Só nós sabíamos da rotina, do foco, da disciplina de um dia a dia pautado no esforço e na disciplina. Aos olhos daqueles que minimizavam as nossas dores, estava tudo bem, mas só nós sabíamos dos desafios enfrentados para ficar tudo bem.

Setembro de 2019

O mês de setembro chegou e juntamente com ele o dia de voltar a Barretos para fazer todos os exames novamente e uma res- sonância. Esse dia pra mim estava tranquilo, era um fazer de malas até com felicidade, afinal iríamos ver a família Suleimam, nossos Pastores Erick e Débora, nossa família tão amada de Barretos.

Uma experiência curiosa nessa viagem é que ao fazer as malas uma voz disse em meus pensamentos, coloca biquíni na mala! Coisa estranha, íamos para consultas e exames, não nos hospedaríamos em nenhum lugar com piscina, mas dei ouvidos àquela voz e coloquei biquínis e roupas de banho para todos nós. Sentindo-me até um pouco ridícula, mas coloquei.

Bem, a tranquilidade em refazer os exames estava bem visível em mim, mas todos os próximos estavam tensos, minha mãe, minha sogra e até uma mãezinha que conheci no hospital me perguntou se eu não tinha medo que o tumor reaparecesse. Eu disse o que de fato sentia, nenhum pouquinho de medo pois o verdadeiro amor lança fora todo medo! E toda obra que Deus faz é perfeita e completa.

Mas o Regis me disse que era normal a tensão e o nervosismo dos mais próximos, até porquê foi em um exame como esse, aparentemente normal que a nossa vida mudou, que nos assustamos e que nosso mundo caiu.

Ressonância feita, aguardaríamos uns dias o resultado e outros exames e consultas que tínhamos pra fazer. A hospedagem que os pastores tinham reservado para nós, não deu certo por causa de alguns imprevistos, no entanto aquilo não me preocupou afinal aqueles irmãos eram como nossa família e uma outra irmã ofereceu sua casa pra nos hospedarmos.

Um Deus de detalhes

Não conhecíamos a família da Rosy, nossa anfitriã, mas ao chegarmos lá à sensação é de que nos conhecíamos há anos. Recepção maravilhosa, sentamos a mesa para o café da tarde enquanto eles compartilhavam as maravilhas que o Senhor havia feito em suas vidas, uma delas incluía a casa que estavam morando atualmente e a piscina que tinha ficado pronta naquele dia.

Ao ouvir aquilo eu comecei a sorrir e me emocionar, por ver o quanto o Senhor fala com a gente, fala em detalhes, fala com uma doce e suave voz. Nós não sabíamos onde nos hospedaríamos, mas o Senhor já sabia e nos preveniu para levar roupa de banho, porque lá teria piscina.

Esse pequeno acontecimento, ademais de um mimo do Pai, trouxe um aprendizado importante. Quando Deus nos faz uma promessa Ele já está com tudo pronto, Ele não vai preparar, tudo está pronto. Ele é o Deus dos processos, nós só enxergamos o agora, Ele sabe de tudo sobre o antes, durante e depois.

Ele nos diz o destino, mas nem sempre vai revelar o percurso.

Mas, conhece, inclusive, os nossos limites e a nossa força e não nos propõe nada além do que podemos suportar.

"E Deus é fiel, Ele não permitirá que vocês sejam tentados além do que podem suportar. Mas, quando forem tentados, Ele lhes providenciará um escape, para que possam suportar."

1 Coríntios 1:10–13

Alguns dias depois pegamos os resultados de todos os exames e para glorificar o nome do Senhor, tudo estava perfeito! Os médicos ficaram encantados e maravilhados, recebemos alta por 6 meses e depois a alta será de 1 ano, de 2 anos e assim sucessivamente! O milagre está completo! A obra do Senhor é perfeita!

Na semana que retornamos para casa, era semana do aniversário dela, de 4 aninhos e claro que iríamos celebrar. Não deixamos de fazer festinha nem quando ela estava doente, imagina agora com ela curada! Tínhamos que celebrar e com toda a igreja e todos os familiares. A Hadassa ficou muito feliz e nós muito agradecidos a Deus por tudo e pela presença de todos aqueles que nos amam!

Outro fato curioso sobre ouvir a voz de Deus aconteceu naqueles dias também, eu fui comprar um sapatinho para ela e passei na porta de uma loja, não havia preços na vitrine e meu orçamento naquele momento não permitia um valor mais alto, como costumavam ser os daquela loja. Uma voz me disse para entrar, mas relutei e não entrei.

Enquanto eu pesquisava por outras lojas, nada me agradava voltei naquela primeira loja. Então, um conhecido veio ao meu encontro, me cumprimentou todo sorridente e disse que só estava esperando eu voltar. Fique sem entender, aí ele disse que escolhesse o sapatinho que quisesse, pois seria seu presente para a Hadassa.

Maravilhada eu fiquei, com esse Deus de detalhes, esse Deus que fala. E se estamos perto D´Ele reconhecemos a sua voz. Mas se estamos distantes não escutamos, não conseguimos ouvir quando Ele fala! Então a questão não é se Deus está falando ou não com você. Mas sim, onde você está? Perto ou longe? Se perto, com certeza você O ouvirá, se longe você não ouvirá e nem sequer identificará a Sua voz!

Deus fala com você, sem precisar estremecer o chão ou céu se abrir. Ele está sempre falando, a questão é se nós estamos ou não ouvindo.

***Haverá momentos que você terá que orar com entendimento de que a sua oração não é até Deus te ouvir, mas até você ouvir Deus!**__*

Testificando o milagre

Capítulo 10

Nenhum passo atrás

(Eu só quero Tua Presença/ Canção de: Theo Rubia)

Novembro/ dezembro 2019

Com o final de ano se aproximando, um ciclo se encerrando, eu comecei a me lembrar de o quanto esses dois últimos anos foram tensos e intensos nas nossas vidas. Mas como diz a Bíblia, *"melhor é o fim das coisas do que o início delas"* (Eclesiastes 7:8). E o Bispo Robson Rodovalho bem enfatizou em uma de suas obras, terminar bem é mais importante do que começar bem.

Ao olhar para trás percebemos que estávamos, sem sombra de dúvidas, terminando bem melhor do que começamos. Com a Hadassa curada. Aleluia! E o testemunho dessa cura tem alcançado muitas pessoas e fortalecido a fé de muitos.

Uma tarde Especial

Em uma tarde que era pra ser comum, uma pessoa de Brasília fez contato comigo para saber a autenticidade da história da Hadassa Vitória. Ela se identificou como uma pastora e discípula dos nossos Bispos Lucas e Priscila Cunha, e que fazia parte da equipe de gravação e produção da Conferência Arena Jovem, uma das maiores conferências de Jovens do Brasil. Essa pastora me disse que a nossa história, nosso testemunho, ia fazer parte de um vídeo institucional de chamada para essa conferência.

Eu não podia acreditar, fiquei maravilhada, chorava, glorificava o nome do Senhor. Um filme de tudo o que vivemos veio na minha mente. E saber que de repente tudo isso ia se expandir para o mundo todo, era inacreditável. Tudo isso dava força aos relatos desse livro e a testificação dos propósitos do Senhor na vida da Hadassa, desde o meu ventre.

Tivemos experiências incríveis, fomos para Brasília-DF, na sede do nosso ministério fazer as gravações. Conhecemos uma equipe incrível, talentosa, atenciosa, não posso citar nomes para não correr o risco de ser injusta esquecendo-me de alguém. Mas vocês foram incríveis, desde os primeiros contatos por telefone, a presença de Deus quando gravamos o primeiro off, tudo foi sobrenatural.

O dia de gravar as cenas foi muito intenso, eu não tinha ideia de quantos detalhes, mínimos detalhes estão por detrás das câmeras. Foi o dia inteiro de faz, refaz, repete, se arruma aqui e ali e o mais incrível, nossa pequena com apenas 4 aninhos colaborou com tudo.

Mesmo exausta ela se entregava e fazia tudo que era pedido durante as filmagens, olhava concentrada para as câmeras conforme lhe era pedido sem hesitar, chorar ou sequer se contrariar. Pra mim ela sabia o que estava fazendo, pra mim em suas atitudes ela dizia: "Eu nasci pra isso!"

O Dono das peças

Lembra do quebra-cabeças que citei no início do livro? A comparação que fiz com nossas buscas, com a nossa vida. Deus o grande criador retém todas as peças, estão com ELE. E, por mais que nos percamos na montagem, Ele conhece todo o desenho. Ele é o autor desse grande quebra-cabeças que se chama VIDA e por isso, nos conduz a pegar as peças corretas, a fazer o encaixe certo. Falo isso por testificar que não existe acaso, pois tudo Ele está conduzindo.

Nós conhecemos uma mulher muito especial, que teve uns dias em nossa cidade, frequentou a nossa casa uns dias, uma irmã em Cristo que congregava na Sara Nossa Terra da Ceilândia, ela conheceu a nossa história e ficou muito tocada com tudo que viu e ouviu. Quando ela foi embora eu lhe enviei um vídeo de testemunho da Hadassa, mas não foi o primeiro vídeo que fizemos, não foi o que estava circulando em todas as redes socias.

Cada peça

Deus se encarregou de ajustar as peças da nossa vida. Em um dia comum como qualquer outro, eu selecionei umas imagens, uns vídeos e encaminhei ao meu cunhado, pastor Emmanuel pedi que ele fizesse algo para mim. O vídeo não era profissional, mas ficou muito especial, esse eu não compartilhei nas minhas redes sociais, nem enviei à lista de transmissão, apenas para 5 pessoas, e essa irmã que estava aqui em casa foi uma delas.

Acredito eu, que essa irmã apareceu em nossas vidas para ser esse instrumento, pois foi através dela que um humilde vídeo chegou ao conhecimento da nossa liderança. Onde gravamos a nossa história, o testemunho do nosso milagre, para milhares de pessoas conhecerem. Digo milhares não só pelo alcance das mídias e redes sociais do nosso ministério, mas porque eu sabia, que seria transmitido em todas as igrejas, nos cultos, como chamada para conferência.

A lição que aprendi é que Deus definitivamente não precisa da nossa ajuda para realizar nada! Ele move céus e terra, coloca pessoas em nosso caminho, cria as circunstâncias, faz estradas, sustenta pontes porque Ele é Deus. Ele é caminho no deserto, luz na escuridão. Essa irmã apareceu em nossas vidas apenas para cumprir esse propósito.

Por isso, se Ele te prometeu algo? Apenas descanse! Ele não precisa da sua ajuda, aliás, não atrapalhe o agir de Deus.

> **Quando damos muito da opinião no trabalho de alguém acabamos interferindo na qualidade de execução desse trabalho. Por isso, deixe Deus trabalhar! Acredite, entregue e confie.**

Afinal, Ele usa quem Ele quer, as circunstâncias que Ele quer, o improvável, o inesperado!

O lançamento do testemunho estava sendo anunciando nas redes sociais, dia e hora marcada. Lembro-me da nossa grande expectativa, conectados esperando esse lançamento. Quando começou o vídeo foi um grande impacto! Um misto de alegria, gratidão e muita emoção. Você pode conferir no https://www.instagram.com/tv/B6LX5xQlTdw/?igshid=12ld24s2dx5fb

Também é possível acessá-lo no meu instagram @pastoramichelleemiliano. Com a repercussão do testemunho eu ganhei rapidamente alguns seguidores, até porque não sou muito conectada a forma de comunicação dessa geração, mas reconheço que é uma ferramenta poderosíssima e extremamente necessária. No meu direct dezenas de pessoas começaram a conversar comigo, a declarar o quanto tudo isso tinha mudado suas vidas e edificado a sua fé. Pessoas que diziam estar a um passo de desistir de tudo, retomaram suas posições depois dessa incrível história.

No instagram da @arenaconference o texto no feed era: *"Fazia sentido parar! A rotina estava pesada demais. Como manter uma igreja e uma criança naquela situação? A igreja se tornaria um peso? O que vocês fariam na situação deles? Ninguém os condenariam se eles parassem, mas para eles isso não parecia uma opção."*

Entendi com tudo isso, como os planos do Senhor vão muito além do que pensamos. Sobre a vida da Hadassa havia uma profecia de que ela iria pregar, testemunhar e profetizar e muitas vidas iam se converter! Como é impressionante o agir de Deus, ela já começou a pregar sem nem mesmo falar sobre isso! Deus tremendo, Deus fiel!

Vencendo a gravidade

Um foguete gasta todo o seu combustível para colocar a nave em órbita, para sair ele precisa vencer a força que o puxa para baixo. A humanidade tenta a todo custo avançar, mas como a gravidade que puxa de volta o foguete, uma pressão contrária nos quer parados. Ela segura nossas pernas em crenças limitantes, dores, depressão, doenças e até a própria morte.

Os desafios gritam na nossa cara. Mas dar um passo à frente é o nosso legado.

Avançar não é uma possibilidade é a nossa natureza, nós não somos daqueles que retrocedem.

Somos aqueles que gritam mais alto que o inimigo, rompemos os limites e avançamos.

Quando te resistirem, dê mais um passo.

Quando te limitarem, dê mais um passo.

Quando quiserem te parar, mostre quem você sabe que é ...dê mais um passo!

Mas, não dê NENHUM PASSO ATRÁS."

(@arenaconference2020)

A trajetória desse milagre, se assim posso dizer, porque não foi um milagre instantâneo como desejávamos que fosse, como críamos, como esperávamos. Foi uma trajetória, assim como bem quis o Senhor, foram processos realizados e vividos não somente em nós, mas através de nós. Foi nesse período que conheci uma grande responsabilidade:

MAIS IMPORTANTE DO QUE VOCÊ RECEBER UM MILAGRE É VOCÊ SER UM MILAGRE!

Nós, toda a nossa família, somos um milagre! Olhar hoje todo esse contexto que vivemos e que ainda estamos vivendo, ao ver de fora é até incompreensível pensar que não demos nenhum passo atrás. Talvez se fosse a história de alguém a me contar eu diria que não teria forças. Mas, é aí que ela reside, além das minhas forças.

Além das suas forças é Deus, simplesmente Deus.

Hadassa Vitória

Março 2019

Escrever um livro foi um sonho, um projeto, que partiu de várias tentativas que me acompanham desde 2013. Começou a ser sobre mim, sobre o que o Senhor fez em mim! Engraçado que o título sempre foi esse e a Hadassa ainda nem existia, mas

Com Deus é assim, primeiro você coloca os pés, depois Ele coloca o chão!

Então, conforme a ideia foi amadurecida, ele passou a não ser mais sobre mim, nem mesmo sobre a Hadassa ou nossa família, mas sobre Ele! Sobre os milagres que vem Dele.

O seu nome é Hadassa Vitória, mas as vezes sinto vontade de chamar só de Vitória, por tudo o que ela representa. Uma "milagrinha" desde o meu ventre, vejo cada uma das profecias sobre ela encontrando seu cumprimento, a forma como prega e evangeliza sem ao menos pegar em um microfone. Sempre que passo as mãos em sua cabecinha, seja penteando, lavando o cabelinho ou acariciando sinto as marcas de um milagre.

As cicatrizes profundas, as formas irregulares que ficaram são as verdadeiras marcas de um milagre.

> **As feridas nos mostram que estamos em um processo e as cicatrizes nos mostram que vencemos.**

Sim, nós vencemos!

Não somos mais os mesmos. Há um divisor de águas em nossas vidas, antes do milagre e depois do milagre! Nesse mês voltamos a Barretos para exames e acompanhamentos de rotina que agora são a cada 6 meses, a equipe médica fica emocionada e maravilhada, sorriem, tiramos fotos, chamam outros profissionais e celebramos juntos todas as vezes.

Todos os exames sempre comprovam que toda honra e toda Glória pertencem ao nosso Deus. Comprovam que Aquele que começou a boa obra em nossas vidas é fiel para completá-la! Vemos o quanto Ele é bom e que nos ama muito além de nós mesmos.

"Eu sei que muitos procuram respostas em todo lugar. Mas eu sei, que todas elas estão em Ti. Tu sabes tudo que eu preciso antes de eu falar e és perfeito em tudo o que faz para nós." (Bom Pai/Canção de Gabriel Guedes)

Esforço e dedicação

Hoje, a vida da nossa pequena mudou completamente a nossa, a rotina intensa de vários profissionais envolvidos em sua reabilitação, desde as atividades mais incômodas até as mais prazerosas como o balé. Como ama fazer balé! Nossa linda bailarina.

Todos os profissionais da reabilitação vêem o milagre de Deus na nossa pequena e reconhecem o esforço e dedicação da família nessa reabilitação. A minha vida é dedicada à minha filha! Tem dias que são difíceis, outros mais difíceis ainda, mas tem dias que são leves e cheios de sorrisos e imensurável alegria, porque nós celebramos e glorificamos juntas cada evolução.

Ainda me pergunto, se o milagre é ela tão somente ou se somos todos nós!

Eu carreguei no meu ventre uma promessa de Deus. Para mim uma promessa, uma resposta de oração. Alguém que eu tinha pedido e o Senhor tinha restituído. Mas para a Hadassa tudo vai muito além disso. Ela é um projeto, um sonho, um propósito, um instrumento de Deus aqui nessa terra! Ela vai ser muito usada por Deus. De uma maneira que nem olhos viram, nem ouvidos ouviram.

Princesas

Minha bailarina favorita

A auto-estima renovada

O grande livramento

Junho 2020

E quem disse que não poderia acontecer de novo?

Eu pensei que já tinha terminado esse livro, concluído por aqui os capítulos. Mas antes mesmo de começar a edição, encaminhando para a editora e gráfica, aprouve o Senhor acrescentar mais um capítulo nessa história. Um maravilhoso e assombroso capítulo.

Relutei em escrevê-lo, relutei em concluir este livro, pois já estava me encontrando confusa na história, achando que fosse um desejo somente meu e que talvez Deus não teria me pedido nada disso! Mas o Senhor usou pessoas e circunstâncias para confirmar o desejo D'Ele. Esse livro sem sombra de dúvidas é para honra e Glória do Senhor!

Era um quarta feira, dia 3 de Junho de 2020. Uma quarta feira comum como todas as outras. A Hadassa passou o dia bem, com suas atividades diárias normais e acompanhadas por mim, inclusive as terapias. No final do dia estávamos em casa, já cessando a agitação da casa para dormir quando lá pelas 22hs a Hadassa chegou perto de mim na sala, eu estava sentada no sofá quando ela disse: *"Mamãe minha cabeça está doendo aqui!"* Ela sinalizou a dor na testa passando a mãozinha, mas voltou a brincar.

Não consideramos algo anormal, pois há 2 meses tínhamos ido a Barretos, feito todos os exames de rotina, inclusive a ressonância e estava tudo bem. Fiz uma mamadeira para ela e fomos todos dormir. No entanto, na madrugada por volta das duas horas, Hadassa sentou na cama, sonolenta, meio chorosa e sem falar nada, sem se queixar de nada começou a vomitar.

Como pais o nosso coração sempre dá uma acelerada, mas achei que fosse a madeira que ela tinha tomado, pois naquele dia ela havia jantado muito bem e ainda assim tomou uma mamadeira, pensei que fosse isso. Mas o vômito não cessava e vinham como jato, nessa altura já estávamos nos arrumando para ir na emergência quando ela colocou as duas mãozinhas na cabecinha e gritou: *"Minha cabeça tá doendo muito, meu Deus me ajuda!"*

Senti aquele frio na espinha, tomada por um desespero, comecei a chorar e a orar. Meu marido clamando e ungindo ela com óleo da unção. No carro ela ainda reclamou de dores de cabeça e seguíamos tristes e desconsolados para a emergência.

Chegando na emergência relatamos os fatos, ela foi medicada para que cessassem os vômitos e as dores, uma tomografia do crânio foi sugerida pelo médico, mas eu relutei, pois já havia feito há 2 meses em Barretos e estava segura de que uma tomo não era necessária, até porque temos que evitar ao máximo essas exposições a radiações. Voltamos pra casa com Hadassa sonolenta mas sem dor graças a Deus. Estávamos certos de que era uma virose ou uma garganta inflamada.

Quinta feira - 04/06/20

Chegamos em casa ás 05hs da manhã, Hadassa dormiu até as10hs e acordou vomitando muito novamente e infelizmente voltamos ao hospital. Ela ficou internada para observação, foram feitos alguns exames de sangue e estava tudo bem. Mas a biomédica que já conhecia a história da Hadassa ficou tensa, uma enfermeira que também já conhecia estava com uma preocupação estampada no olhar.

Revivendo um pesadelo

Ainda no soro, para hidratar, após a medicação, ela vomitava, me olhava bem cansadinha, não falava mais nada comigo, pensei que tudo isso era por causa do cansaço na madrugada. Já estávamos quase indo para casa, lá pelas 16hs quando mais uma vez a tomografia foi sugerida e antes que eu relutasse, ela começou a endurecer as perninhas ali ainda deitadinha e tomando soro, parecia ser uma cãibra nas perninhas, comecei a chamar a enfermeira, seus olhinhos já estavam virando e um bracinho se debatendo sem controle.

Depois de exatos 1 ano e 4 meses depois da cirurgia de ressecção do tumor eu via a cena da Hadassa ter uma convulsão novamente. Você já reviveu situações que jamais gostaria que se repetisse na sua vida? Eu não conseguia raciocinar, eu não conseguia entender.

Aprendi a viver as situações em que me faltavam o chão, pois Deus já havia me dado asas para voar, mas naquela hora eu também não conseguia sentir nem as asas. A equipe médica se juntou rapidamente, a oxigenação dela estava baixa, remédio para conter a convulsão, oxigênio, e a levaram para fazer a tomografia.

Enquanto ela fazia a tomo avisamos familiares, discípulos e começamos a pedir orações para algumas pessoas. Então os médicos chegaram com o exame, nos chamando na sala e perguntando de que lado era o tumor que ela tinha e com a lâmina da tomo em mãos eles nos mostraram uma mancha branca no seu cérebro, uma grande mancha de sangue medindo cerca de 5,7x3,1x2,9 cm. Eles disseram que ela teve uma hemorragia no cérebro.

Naquela hora eu entendi bem a diferença entre desespero e desesperança. No desespero você ainda grita por socorro, o desespero é um estado de angústia em que nossa alma se encontra. Já a desesperança é a falta de esperança, você já nem consegue gritar por socorro, é uma insegurança permeada pelo medo e frustração.

Eu estava totalmente desesperançosa. Se eu tivesse que gritar, não havia nem voz para gritar! Os médicos apenas disseram que teríamos que ir para Barretos URGENTE. Ligamos para Barretos, os médicos da emergência se comunicaram com os de Barretos e disseram que tínhamos que ir em uma UTI móvel e que havia uma equipe pronta para nos receber lá.

Mas havia um problema, o município não disponibilizaria de uma UTI que fosse para outro estado. Alguém nos perguntou se tínhamos plano de saúde, pois caso contrário o custo desse traslado particular variava entre 6 mil a 30 mil reais. Para nós era muito dinheiro, mas para o nosso Deus não.

Arrumando as malas outra vez

Eu tive que ir em casa, fazer as malas e pegar documentos. Lembro-me que peguei o telefone indo para o carro, liguei para uma discípula e pedi pra ela avisar a igreja e pedir alguém para ir para o hospital ficar com pastor, ele não estava nada bem. O irônico é que eu afirmava que estava bem, mas minhas pernas tremiam, minhas mãos formigavam, minhas vistas estavam embaçadas e nesse estado sem condições nenhuma eu fui para casa dirigindo para fazer as malas.

Hoje eu nem faço ideia, de como consegui chegar em casa naquele dia. Em casa, tudo parecia estar escuro. Uma tristeza profunda quando olhei para os brinquedinhos dela espalhados no chão. Consegui pegar os documentos e nas malas só coloquei roupas de frio e coisas sem sentido algum. Nesse ínterim, recebi uma ligação de um discípulo perguntando se estava tudo bem e que se eu queria que alguém viesse me buscar.

Eu tive a capacidade de dizer que estava tudo bem sim! Hoje me pergunto como que poderia estar tudo bem? Certa vez eu li uma frase que dizia: "De repente tudo acabou como se nada tivesse começado." Aquela frase deu sentido ao que estava acontecendo naquele momento, mas nada mais ao redor fazia sentido. Ir para Barretos de novo? Minha filha com um problema no cérebro de novo? Literalmente tudo tinha acabado.

Uma cena indescritível

Voltando para o hospital, uma cena indescritível na porta: líderes, discípulos, a igreja ali representada, todos cantando louvores, orando, uma cena que eu só tinha visto em filme. Aquilo impactou, inundou e alegrou meu coração de uma forma imensurável. Na hora que desci do carro, fui direto abraçar a Kaiandra, pois ela não estava em casa nesses dias, ela não sabia de nada que estava acontecendo. Choramos muito, foi um abraço de consolo e dor.

A UTI móvel estava lá na porta, tudo preparado. A Hadassinha no oxigênio desacordada sendo colocada ali, eu chorei, eu gritei de dor por não poder sequer ir junto com ela naquela ambulância. Eu tive que ir no banco da frente com o motorista. Antes de seguir viagem um dos socorristas pediu permissão para orar, fizemos um grande clamor ali na calçada, na porta do hospital, todos nós clamando mais uma vez pela cura da Hadassa.

Despedi-me de todos, o Regis e a Kaiandra iriam nos acompanhar atrás no carro. Nunca imaginei viver uma situação dessa, uma viagem em uma ambulância com minha filhinha lá lutando pela vida. Aquela sirene, parecia um fundo de filme de terror em meus ouvidos.

Eu não fazia ideia do que nos aguardava, não tinha a menor ideia do que teria acontecido com a Hadassa. Eu só queria chegar em Barretos olhar nos olhos do médico, do neurocirurgião dela e perguntar o porquê que aquilo tinha acontecido. Isso se ela chegasse viva. Meu esposo disse que pensou, que o Senhor levaria a Hadassa naquele dia.

Por muitas vezes eu segurei o mundo de outras pessoas, mas agora o meu mundo estava desmoronando sobre mim. Desmoronou, foi ao chão, sem que ninguém estivesse por perto para segurá-lo. Eu que há 2 meses estava fazendo aquele percurso com tanta felicidade, com testemunhos de vitória, com exames perfeitos, agora eu estava ali com minha filha desacordada sem ao menos saber se ela chegaria viva ou não em Barretos.

Você já viveu situações em que suas convicções foram totalmente abaladas? Então ELE te diz:

> *"O que eu faço agora tu não o compreendes; mas depois o entenderás."*
>
> ***João 13:7 b***

Deus nunca perde o controle

Apenas durante a viagem eu me dei conta de que aquela ambulância era um milagre, nós não havíamos pagado nenhum centavo por ela. Enquanto seguíamos viagem eu orava e chorava e a voz do Senhor veio claramente em meu coração: *"Michelle, Eu nunca perco o controle!"*

Aquelas palavras reascenderam a esperança em meu coração desolado. Pois foi ELE quem me disse. Eu e você não temos o controle de nada e quando temos, ainda assim perdemos. Mas Ele não. Jamais. Por isso posso dizer com toda convicção sobre aquela situação desafiadora que você está vivendo hoje:

Estávamos com umas duas horas de viagem, quando a médica bateu na janelinha e perguntou: "*Mãe, quem é Kaká?*" Meu coração gelou e eu logo pensei que havia acontecido alguma coisa com a Kaká e ligaram para eles para avisar. Respondi que era a minha filha mais velha e logo fui indagando se tinha acontecido alguma coisa com ela.

A médica disse para eu ficar calma, porque a Hadassa acordou querendo ir buscar a Kaká! Mais um milagre se manifestando, ela acordou consciente no meio da viagem.

Por isso, amado leitor, mantenha firme suas convicções, firmeza na sua fé, pois:

"A Bíblia não é um manual de como viver sem problemas. A Bíblia é um manual de como viver para Deus mesmo diante dos problemas."

Moisés Carneiro

Momento em que despertou falando e consciente dentro da UTI móvel a caminho de Barretos

Sexta-feira - 05/06/20

Chegamos em Barretos, no Hospital de Amor quase as 03h da manhã de sexta feira, a equipe estava a postos nos recebendo, um misto de alívio, tristeza, segurança e angústia por estar ali. Ela já foi logo sendo examinada, fazendo e refazendo exames imediatamente. O Regis e a Kaká chegaram umas 2hs depois e foram para casa do Pator Erick, que mais uma vez junto a sua amada igreja entrou nessa batalha conosco.

Por volta das 7hs falamos com o Dr. Carlos, o neurocirurgião e mais alguns médicos da sua equipe, dentre eles o Dr. Lucas. O Dr. Carlos nos disse que isso não era pra ter acontecido e que esse sangramento não tinha nenhuma relação com a cirurgia anterior. Eles ainda não sabiam a causa real desse acontecido e começaria a investigar com uma série de exames.

A Hadassinha estava bem, conversadeira como sempre, sem dores, tomou um banho delicioso quando chegamos no hospital na madrugada, tomou café da manhã, estava bem espertinha sem dores e vômitos. Que havíamos passado por um grande susto isso eu já sabia, mas já estávamos tendo a certeza de que teria sido somente um grande susto! A clínica dela estava boa, então os médicos descartaram a necessidade de fazer uma cirurgia até aquele momento.

Perguntas sem respostas

Que sangramento foi esse? Por que aconteceu? Devido a que? É comum acontecer? 1 ano e 4 meses depois de uma ressecção total de um tumor, porque isso agora? Tem possibilidades de acontecer de novo? Ela voltará a ter convulsões? Essas e muitas outras perguntas estavam ainda sem respostas.

A medida que os resultados das pesquisas e investigações foram saindo, várias hipóteses foram sendo descartadas, como eu costumo dizer, eles praticamente viraram a Hadassa do avesso e não encontraram nada. Foram descartadas isquemia, derrame, AVC, má formação congênita, fratura em algum osso onde vários raios X foram feitos, mau funcionamento de algum órgão onde o sangue poderia coagular, vários exames com a hematologia e talvez alguns tantos outros que tenham até passado despercebidos por mim.

A única conclusão que se aproximava da situação foi um trauma. O médico nos disse que pela sua experiência de mais de 20 anos isso caracterizava um trauma, uma forte pancada na cabeça. O que é um alívio e uma incógnita, porque nos últimos 2 meses, a Hadassa não saiu de perto de mim pra nada, em todas as suas atividades terapêuticas eu a acompanhava, não tinha escola, pois as aulas haviam sido suspensas por causa da quarentena. O diagnóstico não fazia sentindo com nosso relato, com nossas vivências.

Não houve nenhuma queda como o médico bem exemplificou, uma forte pancada na cabecinha, como cair de uma escada, cair de uma moto. De certa forma ficamos aliviados, porque se houvesse confirmação de qualquer um dos diagnósticos acima, poderia ter reincidência, ou seja, acontecer de novo. Porém estávamos contrariados de não saber o que realmente aconteceu.

Como a Hadassa estava melhorando, na hora do almoço por volta de 12h30 o médico veio nos dizer que a mancha de sangue havia tido uma pequena diminuída o que era bom, havia possibilidade do cérebro dela drenar esse sangue naturalmente. Iríamos ficar em observação e depois receber mais orientações.

Descartar a hipótese cirúrgica era tudo o que queríamos, orávamos, pedíamos a Deus e a todos que conhecíamos orações.

A esperança havia ressurgido e o nosso coração já estava mais tranquilo.

Sobre a internação estava tudo muito difícil, por causa da pandemia do Covid19 o Regis não podia ficar comigo no hospital, foi muito desafiador. Só estávamos eu e a Hadassinha o tempo todo. Era muito complicado responder suas inocentes perguntas de porque estávamos ali e não em casa. Ver seu choro querendo ver o papai, a Kaká e querendo ir para casa. Tão pequena, tão inocente, sem entender nada do que estava acontecendo.

Era mais ou menos 15hs quando a Hadassa começou a vomitar e a chorar, sua cabecinha repentinamente tinha voltado a doer. Os médicos apareceram, comecei a ver toda a equipe médica no quarto conversando inclusive o anestesista, pelas perguntas que me faziam, como qual tinha sido o horário da sua última refeição previ que eles deveriam fazer a cirurgia.

Uma nova cirurgia

Logo, o cirurgião veio falar conosco dizendo: "*Eu sinto muito, mas teremos que fazer uma cirurgia na Hadassa. Há um princípio na medicina que diz, que a clínica é soberana! Os exames dela me dizem que podemos esperar, mas a clínica dela não está boa*". Logo começaram a prepará-la. O que se passava na minha mente e o que eu sentia não se poderia nem sequer definir.

Eu me lembrava da voz que ouvi na estrada: "EU NUNCA PERCO O CONTROLE". É quase desumano acreditar que alguém está controlando algo totalmente desgovernado. Mas, não se tratava de alguém comum e sim de alguém infalível, de alguém invencível nas batalhas, o nosso Deus soberano e poderoso que tem o controle nas palmas de suas mãos.

"Ainda que eu não sinta, Deus está trabalhando. Ainda que eu não veja, Deus está trabalhando. Ele está no controle."

O grande desafio é que quando dizemos isso para outra pessoa parece mais simples, mais óbvio, o peso é menor. Agora pela segunda vez, novamente, o peso da responsabilidade das minhas palavras estavam comigo. Orar por uma pessoa doente é mais fácil, pois terminada a oração todos vão para suas casas. Agora, terminadas as minhas orações, o problema continua lá, comigo.

Tivemos que encarar os termos de responsabilidade cirúrgica, ela corria o risco de ter as mesmas sequelas novamente, de perder todos os ganhos da reabilitação, dos milagres diários que vivíamos. Os médicos iriam fazer a cirurgia no mesmo lugar, iriam cortar no mesmo lugar, em cima das mesmas cicatrizes. Pois havia uma necessidade de drenar aquele sangue e pelo o que eu entendi, a cavidade que ficou no lugar onde estava o tumor foi preenchida por esse sangue.

Os médicos também nos alertaram que pela pressão elevada do crânio talvez eles não conseguissem colocar o osso do crânio no lugar, ela ficaria com a cabecinha deformada, o que poderia futuramente ser reconstituído com outros procedimentos da cirurgia plástica. Eu não me importei com nada daquelas informações, eu só queria ela viva. E sabia que a maneira como chegamos ali, Deus com certeza estava no controle, nada abalava essa certeza. Agora, se a maneira que iríamos enfrentar tudo isso nos agradaria, aí já era outra história. Porque Ele faz, como Ele quer.

Quando ela entrou para o centro cirúrgico novamente, pela segunda vez, 1 ano e 4 meses depois, para o mesmo procedimento cirúrgico, eu não quis morrer como da primeira vez, a sensação que eu tive é de que eu já estava morta. Parecia que eu tinha sido sepultada viva! Agonizando ali em meus sentimentos, pensamentos e frustrações.

*"A esperança adiada adoece o
coração"*

Provérbios 13:12

Avisamos poucas pessoas dessa vez, eu não conseguia falar, dar respostas, explicações que eu não tinha para ninguém. Todos se assustaram muito, porque estavam comemorando ainda o fato de que o médico havia dito há algumas horas que não precisaria fazer uma cirurgia de emergência se o quadro dela permanecesse bom. Na verdade, todos estavam assustados desde que saímos de Caldas Novas, pois a menina estava bem, normal, ativa, brincando sem queixa de nada.

Apenas alguns

Dessa segunda vez, não envolvi muitas pessoas, aprendi que nem todos estão preparados para estar com você em uma batalha. A extrema compaixão de alguns até atrapalha, assim como as dúvidas de muitos, o julgamento de outros, o medo, a incredulidade, eu decidi me privar de passar por isso novamente. Havia o silêncio, muito silencio conosco, acalmando nossos corações para ouvirmos o Deus que fala no silêncio. A vontade era de gritar, mas por que gritar se parecia não ter quem ouvisse?

Tem aqueles que te acompanham antes da luta, os que vão com você até a hora de começar a luta, ali eles se despedem; Há também os que ficam com você durante a luta, mas só podem ficar do lado de fora te apoiando porque no ringue ou na arena é só você e o seu desafio. Ainda há os que estarão com você depois da luta, te ajudando a recobrar as forças! É como se houvesse um revezamento desses guerreiros, mas você mesmo não reveza com ninguém, a luta é sua, essa batalha é sua, a guerra é sua!

No evangelho de Mateus, no capítulo 5:35-43, lemos o relato da cura da filha de Jairo, um homem muito importante, uma autoridade religiosa naquela época. Sua filha estava terrivelmente enferma e quando atendido pelo Mestre, nós vemos Jesus selecionando alguns de seus discípulos para irem com Ele até a casa de Jairo. Ao chegar na casa, esse número decresce ainda mais, pois Jesus seleciona uns poucos para entrar no quarto da menina para orar com ela.

Assim eu aprendi que há pessoas que terão estrutura para estar até o caminho com você, outras até a casa, outras até a porta do quarto. E poucas que estarão com você na hora do seu milagre! Entenda isso, nem todos terão estrutura de fé o suficiente para o acompanhar. Nesse mesmo texto vemos que havia pessoas que riam de Jesus, pois diziam que a menina já estava morta. Mas Jesus declara "Talitá Cumi" que traduzido é "menina, levanta-se". E logo ela se levantou e andava, pois estava curada!

Entenda que nem todos vão chorar com você ou por você. Então, se surpreenderá com algumas pessoas, umas se afastarão por ser necessário, outras das quais você nem faz a menor ideia se aproximarão. Esses são alguns dos bastidores por trás de uma história de milagres.

Ovelha muda

A Hadassa estava tão desfalecida por causa da dor, do desgaste de tudo, que ela mesmo acordada e consciente não questionou, não perguntou, não relutou, não reclamou, apenas me olhava, ali deitadinha naquela maca, eu a acompanhava pelos corredores do hospital até chegarmos no centro cirúrgico. Um olhar tão profundo, que ultrapassava meu coração, que já estava totalmente dilacerado.

"Como ovelha muda foi entregue ao matadouro." Era assim que poderia descrever aquela situação. Dentro de mim havia o desejo de poder dizer: *"Me perdoa filhinha, por eu ser tão incompetente e não poder fazer nada, simplesmente nada por você nessa hora, queria estar no seu lugar, mas não posso. O que posso fazer mais uma vez é te entregar. Te entregar nas mãos Daquele que pode todas as coisas!"*

> **E as nossas entregas não liberam poder algum. Mas a nossa entrega dá permissão para quem tem o poder de fazer todas as coisas.**

Assim, por volta das 18h30 começou a cirurgia. Estávamos no mesmo hospital, mas dessa vez eu não consegui pedir nada pra Deus. Que não houvesse sequelas, que ela permanecesse viva, nada. Eu não pedi nada! O Regis recebeu uma oração de um amigo que parte da nossa história do tempo em que nos convertemos na II Igreja Presbiteriana Renovada de Campinas, em Goiânia –GO, o Eduardo mesmo morando nos Estados Unidos, estava unido conosco naquele propósito.

As palavras ditas em sua oração encheram o coração do meu esposo de força e fé. Quanto a mim, falei com uma discípula ao telefone e disse pra ela: "Eu desisti!" E dentro de mim estava o conflito, de que eu não era forte coisa nenhuma, era como se eu nem tivesse mais o direito de caminhar com esse livro de um título tão forte!

Dormindo na tempestade

Durante alguns minutos da cirurgia, um sono incontrolável tomou conta de mim, minha pressão baixou, eu estava há algumas noites sem dormir nada, lembro de ver uma maca no corredor do hospital e sem ao menos saber se era permitido deitar ali eu deitei e dormi. Acordei apenas com o Regis me falando que cirurgia tinha terminado. E que estava tudo bem, ela já estava sendo transferida para a UTI.

Os médicos haviam conseguido drenar todo sangue e o osso do crânio também havia sido colocado no lugar. Não rasparam o cabelinho dela todo, apenas no espaço para o corte da cirurgia. Na cirurgia do ano passado ela ficou 8hs no centro cirúrgico, dessa vez foram 2h30.

A gente tem o privilégio de se preparar para algumas situações em nossas vidas, mas para aquela, viver tudo aquilo novamente, eu não estava nenhum pouco preparada. Alguém me disse, dessa vez vai ser mais fácil, você já passou por isso antes. Exatamente por isso que era incalculavelmente mais difícil, mais desafiador. Eu já conhecia o que vinha a seguir e tudo permanecia assustador.

Acho o meu esposo mais sensível que eu, ele estava dilacerado pela dor. A Kaká, quando eles estavam no carro indo para Barretos, disse em lágrimas: *"Pai, será que Jesus não ama a gente, porque estamos passando por isso de novo?"* Meu marido ternamente respondeu: *"Filha, Ele nos ama tanto que nos deu esse grande livramento e é por isso que estamos vivendo essa situação novamente".*

Olhos de fé

Aquela resposta do Régis me fez pensar que podemos ver a mesma situação de várias maneiras, dependendo dos nossos olhos. E naquela situação tínhamos que enxergar com os olhos da fé. É a velha história do copo. Um copo com água até a metade, para uns pode estar meio vazio. Para outros, o mesmo copo pode estar meio cheio! Ponto de vista, visão de fé. É você quem escolhe como quer enxergar a sua vida!

Uma grande ilusão que percebi até aqui é achamos que por sermos "crentes" temos alguma preferencial, algum tipo de acesso VIP com Deus. Dias maus vem para todos, assim como os dias bons também. E há dias que não foram feitos para serem nem maus e nem bons, apenas vividos. E está tudo bem.

Assim, passamos nossa primeira noite na UTI, Hadassa estava muito chorosa, muita dor, mas graças a Deus ela não havia perdido nenhum movimento, nem a fala, memória ou consciência. Aleluia! O Senhor é bom o tempo todo! Ela pediu para comer bolo de chocolate e tomar iogurte, pois foi exatamente o que trouxeram pra ela. Esse lugar realmente faz jus ao nome Hospital de Amor. Mas outros desafios estavam por vir.

Era como se eu estivesse sendo aperfeiçoada em dores, o silêncio da madrugada só era interrompido pelo choro da Hadassa reclamando de dor. Muita dor. Eu já não sabia mais se era Deus que não estava falando comigo, ou se eu não estava ouvindo.

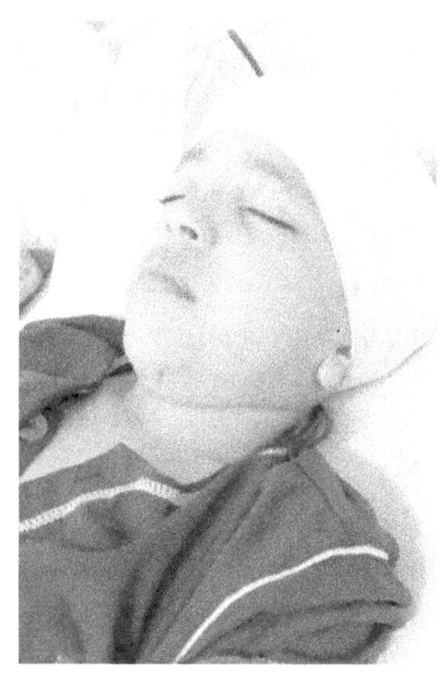

Após a segunda cirurgia

Local do segundo corte

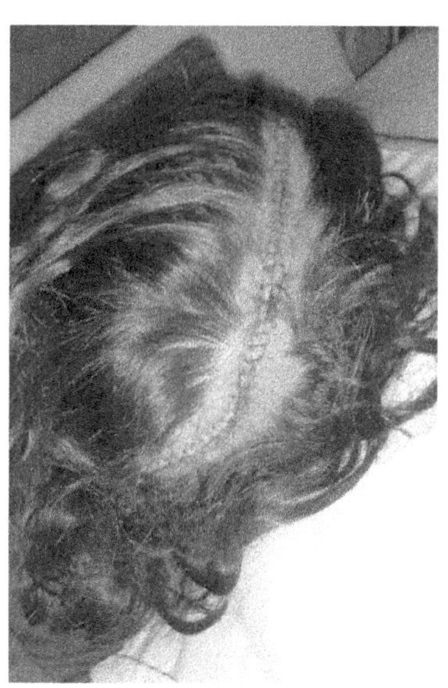

Sábado – 06/06/20

Em dois dias minha vida tinha virado de cabeça pra baixo, virou do avesso. Tudo mudou, veio uma forte tempestade quebrou coisas, arrancou outras do lugar, bagunçou tudo. Tenho a convicção de que nunca mais seremos os mesmos depois dessa tempestade.

Os perigos da tempestade é que ela amedronta, faz o lindo dia se tornar noite, raios e trovões tem barulhos assustadores e que nos fazem confundir a voz de Deus, ou sequer conseguimos ouvir a voz Dele. Faz até os mais íntimos temerem, como foi o caso dos discípulos de Jesus em Marcos 4:35-41.

Aqueles discípulos estavam com Jesus no barco, mas tiveram medo de perecer. Eles conheciam muito bem o mar, o barco, tinham propriedade com a situação. Mas existem certas tempestades que nos fazem inseguros mesmo no nosso maior lugar de segurança.

Esperamos agora a calmaria após a tempestade e a oportunidade de colocar algumas coisas no lugar! Esperamos chegar do outro lado, como Ele prometeu. Tudo o que eu descrevi parece que levou anos, mas foram apenas dois dias. Nossa vida não era mais a mesma, nós não éramos mais os mesmos.

Na primeira cirurgia nós nos preparamos para ela, oramos, esperamos, foi um ano para tomar a decisão, fizemos os exames preparatórios, mas dessa vez não! Não tivemos essa opção, foi algo abrupto, o poder de decisão nos foi tirado e é como se estivéssemos sendo roubados, violentados.

Certa vez ouvi alguém dizer:

"Quando aceleramos processos, mudanças inesperadas acontecem."

Não fomos nós quem buscamos acelerar essa situação, mas mudanças inesperadas acontecem mesmo! Lembra da irmã que conheci em um grupo de oração, que eu citei nos capítulos anteriores? Nós nos falávamos todos os dias, como era precioso ouvir a voz dela e suas experiências parecidas com a nossa.

A alta da UTI estava dependendo da evolução dela, cantávamos, orávamos, ela recebia desenhos e pintava, estava se alimentando bem. Gravávamos vídeos que mandávamos para alguns que estavam na brecha da intercessão, a noite brincávamos até de salão de beleza.

Ela penteava e cuidava dos meus cabelos. Ela estava tão "inchadinha", mas sorria em meio as dores. Confiar em Deus é assim, aquela certeza de que vai ficar tudo bem, mesmo que tudo pareça contrário.

Domingo - 07/06/20

Os dias e noites em um hospital são muito longos, intermináveis, parecem não ter fim! Por causa da Pandemia do Covid 19 eu não podia trocar com meu esposo e a Hadassinha viu o papai por apenas 15 minutinhos e só nos dois primeiros dias. Situação que agravou o emocional dela, pois pedia para ver o papai e a Kaká dia e noite.

Só reconhecemos a importância do evangelho sendo pregado em um programa de TV quando realmente precisamos dele. Na TV da UTI, eu assistia a um culto, quando de repente na oração o pastor disse: *"Senhor, vai de encontro a essa mãe que está com essa criança nesse leito de hospital e acalma o seu coração."* De fato o Senhor me trouxe a paz naquele momento, que tremendo isso!

Hadassa inchou muito a cabecinha e olhinho direito ficou fechadinho de tanto inchaço, sua aparência estava como de uma guerreira, minha grande pequena guerreira! Como eu te amo filha!

Segunda feira – 08/06/20

Pela manhã recebemos a visita dos médicos com a alta da UTI, iríamos para a internação, segundo eles a Hadassa estava ótima, mas a observação era minuciosa. Aguardávamos o resultado de uma nova tomografia para certificar de que não havia nenhum sangramento recorrente. A espera desse resultado era tensa, porque dependendo do que fosse visto ali, ela poderia voltar para o Centro Cirúrgico novamente.

Um momento que me fez sucumbir em dor, foi quando a Hadassa com muitas dores do pós-cirúrgico olhou para mim e disse: *"Mamãe me dá aquela minha outra cabecinha de volta? Porque essa daqui não está muito boa"*. Nem sei descrever como me senti naquela hora, mas eu já não pensava mais em desistir, porque eu olhava pra ela e me lembrava do real motivo, do porquê eu estava ali.

Na internação eu também estava orando pelas companheiras de quarto, e lá conhecemos uma outra mãe e sua filhinha que também tinha um tumor no cérebro, ali pudemos nos edificar compartilhando de situações parecidas. Passei a me importar de verdade com a dor do meu próximo!

Se você consegue ser indiferente a dor do outro, o seu conceito de humanidade precisa ser revisto.

O Pai

Em uma dessas madrugadas eu tive uma experiência com o Pai. Nos meus mais de 20 anos de convertida fui discipulada em um evangelho que, independente do que estivermos passando, jamais devemos perguntar para Deus o PORQUÊ, e sim o PARA QUÊ, ou seja para qual propósito estou vivendo isso? Mas eu quebrei esse paradigma e como filha que tem um pai que me ama e que me entende eu perguntei: *"Por que isso está acontecendo de novo?"*

Eu enterrava a cara no travesseiro e chorava alto perguntando o porquê, se era alguma lição que eu não havia aprendido, porque esse deserto estava se repetindo se era alguma correção, por que tanto sofrimento com a minha filha? Eu perguntava o que precisava mudar em mim?

E sabe o que Ele me respondeu? Nada! Tem coisas que teremos respostas e outras que nunca seremos respondidos e a vida continua. O silêncio também é uma resposta,e talvez eu só compreenda alguma coisa depois. Mas o extraordinário é que eu fui libertada e curada, eu tenho um Pai e eu posso dialogar, conversar e fazer perguntas sem o peso que a religião colocou.

Deus não coloca uma doença em ninguém. Ele em sua soberania já sabe o que vai acontecer com cada um, Ele não castiga, Ele livra, Ele cura! Ele nos deu o livre arbítrio e por causa das consequências de nossas escolhas.

Ele não nos livra de tudo, Ele nos livra em Tudo!

Fomos para Barretos com Deus e voltamos com o Pai! Naquela noite da cirurgia que eu dormi no corredor eu dormi no colo do Pai. Eu descansava enquanto Ele trabalhava. Só descansa no meio da tempestade quem conhece Aquele que tem o verdadeiro poder sobre a tempestade. Você também tem um Pai!

Nos dias que se seguiram, a Hadassinha teve 3 dias consecutivos de febre, exames feitos em dias alternados para investigar a causa da febre. Exames que causavam estresse nela e em mim, ela sofria fisicamente e eu emocionalmente por vê-la passar por tudo aquilo.

Teve um momento que eu surtei, tamanho meu desgaste emocional, além de estar sobre pressão eu estava sendo privada de necessidades básicas como dormir, comer e as vezes até de tomar banho, porque não podia revezar com ninguém. Então em um procedimento de rotina da enfermagem, mas que a Hadassa gritava muito de dor, eu transferi todas minhas dores para a equipe, falei algumas coisas típicas de quem estava descontrolada.

Depois me retratei e me desculpei. Desde aquela madrugada que cheguei no hospital eu não saí de lá pra nada e isso estava me maltratando. Mas, finalmente o resultado da tomografia havia saído e para honra e Glória do Senhor não havia sangramento.

Com os olhinhos inchados em companhia de sua bonequinha favorita

Sorrindo na dor

Segunda feira – 15/06/20

Depois de 11 dias internados finalmente recebemos alta. Mas para meu espanto fomos encaminhadas de ambulância para uma clínica oftalmológica para certificar de que o trauma não havia afetado a visão dela por ser muito próximo dessa região. Pela graça e misericórdia do Senhor estava tudo bem.

A nossa alta foi o que chamam de "alta estendida", porque não fomos autorizados a ir para a casa do Pastor Erick, por cuidados e vigilância quanto a recuperação da Hadassa e por causa do Covid 19. Lá no Lar de Amor, lugar que fomos encaminhados, estaríamos totalmente isolados com os demais pacientes que também estavam lá.

Eu com certeza escreveria mais um livro, só para relatar as experiências que tive naquele lugar, um lugar completamente inundado de amor. Amor transmitido no servir de cada um dos funcionários. Amor que exala. Cada família que ali conheci, cada criança e suas histórias na luta contra o câncer. Impossível esquecer, impossível não ser transformado.

O Lar parecia um hotel 5 estrelas, a Hadassa chamava o Hospital de Shopping e o Lar de hotel. O que de fato era, além de excelentes acomodações e estrutura física, tínhamos também todas as refeições muito bem preparadas. Ali vivi o amor ao próximo na prática, famílias que se consolavam, histórias que se pareciam, o ser humano sendo totalmente humano.

Parecia estar tudo bem e as vezes nada parecia estar bem. Sempre que alguém me dizia que eu era forte, eu respondia que forte era ela. Minhas dores eram na alma, as dela eram físicas. Por duas vezes tivemos intercorrências que nos fizeram voltar para a emergência do hospital. Uma delas foi Hadassa vomitando e saindo sangue pelo nariz. O nível de pressão ia ao máximo. Graças a Deus, após a consulta voltamos ao lar.

Em um outro episódio fomos ao hospital por conta das dores nos olhinhos e um leve entortamento na boquinha dela. Ficamos internadas em observação, mas fomos liberadas com tudo dentro do normal. Cheguei a pensar que nem sairia mais de Barretos.

O pós-cirúrgico da Hadassa tinha muitas dores. O médico me disse que se ela não estivesse reclamando de dores, aí sim ele estaria preocupado, as dores são sinais de cicatrização, uma movimentação necessária em seu cérebro para a cicatrização. Eu compreendi que era uma dor normal, necessária e parte importante do processo.

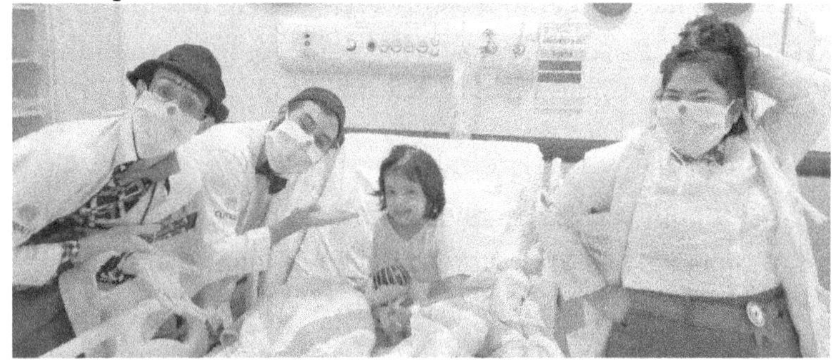

Recebendo a visita dos Doutores da Alegria

Uma dor com propósito

Aquilo tudo me ensinou que existem certas dores que têm um propósito, que são necessárias e precisam ser vividas, encaradas. Não podemos querer burlar o processo, temos que vivê-las.

Segunda feira - 22/06/20

Enfim, estávamos de alta para nossa casa, podíamos finalmente voltar à Caldas Novas. Um misto de gratidão e pavor. Nós não fazíamos a menor ideia do que viveríamos, do que enfrentaríamos e de como seria a nossa vida. Os cuidados com a Hadassa necessitariam ser muito maiores do que os da primeira cirurgia, observação e vigilância o tempo todo. Tínhamos apenas uma certeza, não seríamos mais os mesmos, ali estavam outros Regis, Michelle e Kaiandra. Aprendi nesse processo que..

> *Grandes mudanças acontecem por uma forte inspiração ou por uma grande dor.*

Você deve estar se perguntando, o que mudou? No segundo livro eu relato com detalhes as experiências após esse grande livramento. Nada mais foi como antes. Há desafios que a vida te diz: SIGA EM FRENTE E ENFRENTE. Não há mais nada o que fazer!

As mudanças que houveram em nossas vidas, vou contar-lhes na próxima edição. A Hadassinha parece ter ficado mais esperta, mais falante e mais inteligente. O livro, eu nem queria mais escrever ou publicar, mas o próprio Deus confirmou ter um propósito nisso.

Somos uma família anormal. A porção de fé e intimidade com Deus que foi desatada em nós é anormal. Mas falibilidade humana nos torna normais. Eu cheguei a dizer ao Pai que a minha vida e meus propósitos tinham acabado, mas Ele me respondeu: "Filha, sua vida começou agora!

Falando em propósitos,todos nós temos um propósito.E vivê-lo só depende de nós. Deus nos promete, Ele nos dá um destino. Mas, Ele não nos revela o caminho. Ele não revela o processo.

Sabe aquela história de que quando você pensa que acabou, acabou foi de começar? Pois é, comigo está sendo exatamente assim e se com você está se passando o mesmo só tenho um conselho:

> **Se a vida não ficar mais fácil, trate de ficar mais forte! Essa é a única opção.**

"Em tudo somos atribulados, mas não angustiados. Perplexos, mas não desanimados. Perseguidos mas não desamparados. Abatidos mas não destruídos".

2Coríntios 4:8-9

Nossos desafios continuam e percebemos que a Hadassa não apenas recebeu um milagre, ela é um milagre e nós somos um milagre com ela,..

Continuamos prosseguindo, não porque somos fortes. Mas porque estamos prosseguindo estamos nos tornando fortes.

Que assim seja em sua vida e que você saiba que pela graça de Deus você pode sim ir muito além de suas forças.

Sou grata a você, por ter me permitido compartilhar a minha história. Acredito que essa história tem mudado muitas outras histórias. Legado são as marcas que deixamos na vida de alguém. Gratidão a você, querido leitor, a você que conheceu essa história hoje, e a você que é partícipe dessa história.

A história continua... O testemunho continua...

Encerro esse livro com o coração grato por você que ouviu de Deus por meio do nosso testemunho, esperando sinceramente que nossa história tenha tocado a sua de forma profunda e o levado a perceber que a verdadeira força flui de uma vida entregue e submissa a vontade do nosso Senhor.

Também o faço na esperança de que tudo o que aqui foi descrito fundamente o entendimento de que o poder para suportar as maiores adversidades não reside meramente no homem, senão na pessoa maravilhosa de Jesus.

Agradeço por cada pessoa que cooperou para que essa visão de Deus se fizesse possível, a cada um que abriu seu coração e sua vida para nos servir, especialmente nos momentos mais difíceis de nossas vidas e àquelas permitiram que fossemos fonte de inspiração.

> *"A esperança sabe que se forem evitadas as grandes provações, grandes feitos permanecem por fazer e aborta-se a possibilidade de a alma ser grande."*
>
> **B. Manning**

Aproveito também para convidá-lo a continuar conosco nos próximos livros que lançaremos em breve, nos quais gostaríamos de continuar a contar um pouco mais do que temos aprendido de Deus que nos têm surpreendido com seus insondáveis propósitos.

Contatos

Email: michelle.emiliano@gmail.com

Instagram: @pastoramichelleemiliano

Facebook: Michelle Emiliano

YouTube : Michelle Emiliano